CW01669280

Irina Monica Ba

Nichita Stănescu
poezia ca aventură ontologică

Lumen

Iaşi, 2009

Irina Monica Bazon
Nichita Stănescu - poezia ca aventură ontologică
Coord. ştiinţific: Lector Dr. Bogdan Creţu

Editura Lumen este acreditată CNCSIS sub nr. 003
www.edituralumen.ro, www.librariavirtuala.com

Redactor: Morariu Irina Maria

Descrierea CIP a Bibliotecii Naţionale:
BAZON, Irina Monica
Nichita Stănescu - poezia ca aventură ontologică / Irina Monica BAZON
- Editura Lumen, Iaşi
Bibliografie
Pag. 107
ISBN- 978-973-166-153-7

821.135.1.09 Stănescu,N.

Irina Monica Bazon

Nichita Stănescu
poezia ca aventură ontologică

Lumen

Iaşi, 2009

Cuprins:

Introducere

Tema pe care o propune prezenta lucrare se referă la etapele parcurse de poezia lui Nichita Stănescu în procesul cristalizării unei viziuni autentice a poetului asupra lumii şi, mai ales, asupra cuvântului. Vom urmări transformările pe care le suferă cuvântul de-a lungul operei, de la ipostaza corporală, în fuziune deplină cu natura şi cu trăirile poetului, trecând prin experimentul tulburător al rupturii, până la transgresarea spre necuvânt şi instituirea poeziei metalingvistice.

Poezia lui Nichita Stănescu a frapat încă de la început, anunţând nu numai ruptura definitivă cu dogmele proletcultiste anchilozante, dar şi o adevărată „schimbare la faţă" a liricii româneşti[1]. Noutatea demersului poetic stănescian rezidă nu atât în recuperarea valorilor modernismului, cât mai ales în depăşirea acestora spre o poetică proprie, diferită de tot ceea ce fusese poezie anterior. S-a spus că după Nichita Stănescu nu se mai poate scrie ca înainte de el. Poetul a înţeles că resorturile adevăratei poezii nu sunt declanşate prin aplicarea anumitor procedee poetice, ci prin trăirea „pe viu" a propriei opere. Aici se află elementul novator care a impus o regândire a poeticitaţii: semnificaţia profund ontologică pe care o capătă expresia

---

[1] Poezia lui Nichita Stănescu a fost anunţată de Labiş, primul care se luptase să readucă sentimentul şi primatul persoanei întâi în poezia românească a „obsedantului deceniu" '50 – '60.

poetică[2]. Astfel, poezia devine „*tensiune semantică spre un cuvânt care nu există*", „organ" de cunoaștere ce se află mereu într-un stadiu al devenirii, al prefacerii, într-un proces neîncheiat, având loc în planul conștiinței, deci în interior.

Poetul vorbește in eseurile sale despre imposibilitatea unei „cunoașteri sferice", care să ducă la dezvăluirea unui sens absolut, întrucât organele de cunoaștere ale omului sunt discontinue. Poezia ar fi singurul „organ" cu putere sintetizatoare care poate suplini discontinuitățile percepției umane, ființând într-un spațiu al virtualității, în care nu se manifestă decât tensiunea semantică preexistentă semnului. Acest caracter de continuitate nu este posibil fără acțiunea sentimentelor, „*idei vagi*" care umplă spațiile goale subsumând într-o singură *stare* imagini si noțiuni, făcându-le sa existe în simultaneitate, într-o stare de tensiune. Semantica unui cuvânt din viitor se creează plecând de la această dinamică între sentiment si idee[3].

Prin urmare, cuvântul poetic transcende metafora spre **necuvânt,** refuzând orice fel de mediere și devenind o cale de comunicare cu inefabilul, cu „*acel tulburător nu-știu-ce*". Necuvântul se situează deasupra scripticului și are funcția de a întemeia lumi posibile, vizând nu un sens dinainte dat, ci un sens în devenire, multiplu, imposibil de fixat într-un semn convențional.

[2] „Poezia nu este numai artă; ea este însăși viața, însuși sufletul vieții (…). Ea nu este un mod de existență, cum se susține uneori, ci o componentă fundamentală a existenței", afirmă poetul în *Respirări*, Editura Sport – Turism, București, 1982, p 133.

[3] Nichita Stănescu, *op. cit*, cap. *Logica ideilor vagi*, pp. 149-154.

Mărturisind direct mișcările lăuntrului, necuvântul capătă un caracter de **literalitate**, care determină coincidența dintre stare și expresia ei verbală.

Astfel, putem observa că, pe parcursul etapelor poeziei sale, Nichita Stănescu face trecerea de la *mimesis* la *poiesis*[4], de la metaforă la necuvânt. Metafora vizează un obiect dat, din afară, anterior creării lui în imaginație și se bazează pe reprezentare, impunând medierea simbolică. Necuvântul pornește direct din *ontos*, din senzație, din stare (deci comunică i-mediat), *se face continuu* și nu poate fi reprezentat, contestând ceea ce *s-a facut*, ceea ce s-a închis într-un sistem. Necuvintele vor da naștere **poeziei metalingvistice**, poezie care impune transcenderea limbii spre fiziologie, spre intuiția pură, spre viziune[5]. Este o poezie trăită, nu înțeleasă, care trezește imagini perceptive, nu simbolice[6] și care se raportează la propria devenire, la *poiein*.

Dacă primele volume se circumscriu etapei metaforice și celei simbolice[7], într-un demers de recuperare a valorilor modernismului interbelic renegate de proletcultism, volumele etapei de maturitate se înscriu într-un efort de depășire a curentului modernist și anticipare a postmodernismului.

---

[4] Ion Pop, *Nichita Stănescu – spațiul si măștile poeziei*, Editura Albatros, 1980, pp.133-234.

[5] Ștefania Mincu, *Nichita Stănescu între poesis și poiein*, Editura Eminescu, București, 1991, pp. 170-171.

[6] v. distincția dintre percepție și imaginea metaforică analizată de Ștefania Mincu în *op. cit.*, pp. 28-37.

[7] Corin Braga distinge trei etape ale poeziei stănesciene: poezia metaforică, a primelor trei volume, poezia simbolică și de viziune, ce începe cu *11 Elegii*, și poezia metalingvistică, din *Noduri și semne* și postume, în *Nichita Stănescu. Orizontul imaginar*, ediția a II-a, Editura Dacia, Cluj-Napoca, 2002, pp. 47-58.

În primul capitol al tezei, intitulat *De la starea existenței la starea poeziei*, primele două subcapitole prezintă procesul prin care poetul trece de la starea jubilatorie a copilăriei, anterioară sciziunii, când *„între actul vorbirii și actul apucării unui obiect cu mâna nu era nici o diferență”* (*Sensul iubirii*, *O viziune a sentimentelor*), la momentul tulburător când descoperă că vorbirea se poate scrie (*Dreptul la timp*). În acest punct se produce ruptura, o „a doua trezire” provocată de conștiința *„celuilalt”* și de conștiința limbajului. Cuvântul apare acum ca mediere, ca factor al înstrăinării, ce se interpune între eu și lume. De asemenea, „dreptul la timp” este perceput ca declanșator al sciziunii, al fragmentării întregului existenței. Ultimul subcapitol este dedicat celor *11 Elegii*, „cartea rupturii existențiale”, în care poetul tinde spre dobândirea unui nou statut ontologic în planul cuvintelor, al poeziei înțelese ca act trăit.

În al doilea capitol, *Reinstituirea mythos-ului în locul logos-ului: recuperarea „stării impure” a poeziei ca act in statu nascendi*, primul subcapitol analizează volumele de la *Obiecte cosmice* la *Necuvintele*, etapă în care are loc pătrunderea în spațiul crizei de identitate, al diferenței, al luptei dintre cuvânt și idee, dintre sinele limitat și „sinele fugar”, predominantă fiind aici senzația de pulverizare în vid; în *Necuvintele* sunt prezentate „luptele” poetului cu sine și împotriva cuvântului perceput ca semn opac, inautentic, precum și încercarea de a-l transgresa spre inefabilul stării, spre necuvânt. Poezia apare, astfel, ca formă în mișcare, în continuă devenire (nu ca formă gata constituită), rezultând dintr-un demers întemeietor, nu mimetic. În *Laus Ptolemaei*, numerele și limbajul abstract (mimat parodic tocmai pentru a fi desființat) sunt considerate semne moarte, ce constrâng libertatea creatoare și pulsiunile vii ale existenței, iar modelul intelectual, bazat pe simpla însumare a părților[8], este opus modelului organic. Poetul exaltă adevărul creat, al lumii interioare, aberant doar din punct de vedere logic, limitativ. Volumul *În dulcele stil clasic*, tratat în al doilea subcapitol, reia parodic modele si tipare lirice vechi cu scopul de a deconstrui prejudecăți, de a elibera limbajul din inerția canonului. Suprapusă peste registrul ludic este semnificația tragică a condiției ontologice, traducându-se în incapacitatea de a prinde în semn inefabilul poetic.

Capitolul al treilea, *Instituirea propriu-zisă a poeziei metalingvistice*, supune analizei ultima etapă a creației poetului, în care are loc o „schimbare la față" a liricii sale. Primul subcapitol are în vedere volumele *Măreția frigului* și *Epica Magna*. Pentru poet, epica se referă la *„exaltarea întâmplării"* ca respingere a legii cu tot ce înseamnă aceasta (sens, repere, ierarhii, semn constrângător), ca experiență pur ontologică, inefabilă, ce se petrece o singură dată, ieșind din „generalitatea eternă" a legii[9]. În *Epica Magna* eroicul apare la nivelul fiziologiei, al durerii ca reacție la real, al erorii, al asumării înfrângerii, fiind expresia brută, imediată (pe care Nichita Stănescu o va numi *„hemografie"*) a ceea ce *„este pur și simplu"*. În *Noduri și semne*, volum tratat în subcapitolul al doilea, viziunile din „tunelul oranj" ne stârnesc, de asemenea, atenția perceptivă (nu reflexivă)[10], moartea apare în latura ei

---

[8] Ioana Em. Petrescu, *Eminescu și mutațiile poeziei românești*, Editura Viitorul Românesc, București, 1998, p. 211.

[9] Nichita Stănescu, *op. cit*, capitolul *Mitul ca exaltare a întâmplării*, pp. 78-80.

[10] Ștefania Mincu, *op. cit.*, p. 204.

biologică, literală, nu ca „marea trecere” văzută de Blaga. Înscris în imaginarul pur, in viziunea ca literalitate pură (opusă simbolului), poetul se transcende pe sine, învingând moartea, cuvintele păstrându-și vitalitatea prin imaginile pe care le trezesc în conștiința receptorilor. Se realizează astfel o integrare a biologicului cu scripticul, integrare prin care Nichita Stănescu depășește perspectiva antinomică, precum și ideea „disoluției prezenței”[11], ambele specifice modernismului. Ultimul subcapitol este consacrat volumelor *Opere imperfecte* și *Opere impersonale*, care propun o nouă viziune asupra poeziei: pe de o parte, poezia ca „organ” *in statu nascendi*, imperfect, pre-poetic (nu este un act încheiat, ci continuă facere), situându-se dincolo de text (ca realitate metalingvistică), iar pe de altă parte, *poezia impersonală*, ce transcende eul biografic al creatorului, deschizându-se astfel spre viitor și spre cititor, ridicându-se la un nivel de universalitate.

Rezumându-și opera în câteva rânduri, poetul va scrie în *Respirări*: „Hemografia este abstractă și practică totodată. Te scrii pe tine pe dinăuntrul sufletului tău mai întâi, ca să poți la urmă să scrii pe dinafară sufletele altora”[12].

[11] Cristian Moraru, Postfață la *Nichita Stănescu. Poezii*, Editura Minerva, București, 1988, p. 371.

[12] Nichita Stănescu, *op. cit.* p. 67.

I. De la starea existenței la starea poeziei

1. *Sensul iubirii* şi *O viziune a sentimentelor*: ipostaza corporală a cuvântului ca expresie a unității dintre trup, sentiment şi gând

În lupta cu inerția unei poezii înregimentate, cel mai important factor l-a constituit recuperarea subiectivității. Reafirmarea eului poetic a eliberat poezia din dogmele ce o falsificaseră. În primele volume stănesciene, *Sensul iubirii* (1960) și *O viziune a sentimentelor* (1964), se remarcă prospețimea inedită a expresiei prin care transpar energiile afective. Acestea modelează întregul univers poetic, iar subiectul își afirmă deplina libertate de mișcare într-un spațiu infuzat de trăire.

Poeziile celebrează vârsta jubilatorie a adolescenței, când poetul ia cunoştință de propriul trup, conectându-se la lumea exterioară direct, prin senzații. Lumea este luată în stăpânire prin corporal, poetul este el însuși „organ senzorial imens și multiplu"[13]: „Mă uit în dreapta și-n stânga,/ cu mine însumi mă uit,/ folosindu-mă ca o privire./ Ascult ce se-aude sus, ce se-aude jos,/ sunt, tot, un timpan armonios" (*De-a sufletul*). Sub acțiunea sentimentelor, concretul se dematerializează, materia capătă energii care o salvează din inerție și de sub legile gravitației, o supun unui regim ascensional de salt, zbor, plutire: „Și omoplatul

[13] Nicolae Manolescu, *Starea poeziei*, în *Literatura română postbelică*, vol. I, Poezia, Editura Aula, Brașov, 2001, p. 133.

se face/ pală subţire de helicopter/ şi se-nvârte, se-nvârte, se-nvârte, se-nvârte/ dintr-o boltă în alta, dintr-un cer în alt cer"; emoţia, starea, trăirea infiltrează realitatea, impunându-i propriul ritm: „lăsai în voie să-mi plutească-n jururi/ emoţia cea schimbătoare de contururi,/ mereu crescândă, descrescândă pururi" (*Cântec*). Imaterialul devine palpabil, capătă duritate: „Şi se loveau în mine două sentimente,/ unul venind călare, celălalt purtat în lectici.../ Era o izbitură de lumini stârnite/ ca-ntre opuşii poli electrici" (*Mişcare în sus*). Este trăită, astfel, bucuria inocentă a unei cunoaşteri plenare, vârsta când trupul, mintea şi inima se află într-o fuziune euforică, unitate pe care poetul va aspira să o recupereze, mai târziu, prin cuvânt.

Nichita Stănescu nu scrie o poezie despre sentimente, ci captează prin cuvânt dinamica sentimentelor, adresându-se capacităţii noastre perceptive prin felul cum reuşeşte să imprime limbajului poetic vibraţia vie, pulsatorie a emoţiilor şi să configureze in linii clare viziunile mişcării lor[14]. Este o configuraţie spaţială a sentimentelor, acestea căpătând un contur corporal[15], trasat într-un desen precis, ceea ce exclude vagul şi, ca atare, orice asociere cu alcătuirea haotică a lumii suprarealiştilor, unde imaginile survin din inconştient, din vis. Nichita Stănescu

---

[14] Nicolae Manolescu remarcă, în *O viziune a sentimentelor*, *op. cit.*, p. 122, că poezia lui Nichita Stănescu nu este imagistică, întrucât nu se bazează pe reprezentări plastice, nu este nici metaforcă. Este o poezie de viziune, de contrucţie.

[15] Nicolae Manolescu observă că viziunile poetului sunt antropomorfe, nu suprarealiste: universul stănescian are în centru corpul omenesc, pe când universul suprarealist realizează o „descentrare a umanului" (*Daimonul meu vine de departe*, în *op. cit.*, p. 143).

este un poet al sentimentului lucid[16], nu al stărilor psihice confuze. Într-un *Cântec* din *Sensul iubirii*, poetul spune: „O, dans rotund al stărilor de spirit/ cu o idee numai, te înving/(...)/ Eu nu pe voi v-aleg, vă caut,/ ci sentimentul (...)// ce smulge țărmul și îl dă de-a dura/ și-mpinge lungi carene în necunoscut,/ tendoanele luminii, de-ncordare/ sunând ca valul ridicat din mare, /pe care trupul, înotând, le taie și le doare."

O călărire în zori preia aceeași stare romantică din poemul eminescian omonim, serbând „trezirea" bruscă a poetului odată cu izbucnirea năvalnică a soarelui care „saltă din lucruri strigând/ clatină muchiile surde și grave". Are loc o desprindere de natura inertă, amorfă : „Tăcerea se izbește de trunchiuri, se-ncrucișe,/ se face depărtare, se face nisip", materie opacă, lipsită de vibrație, friabilă. Această dezlănțuire de energie este caracteristică regimului diurn, figurând o renaștere, adică eliberarea de trecut și de memoria războiului ce a traumatizat copilăria poetului. Vârsta adolescenței provoacă trezirea la viață a eului vital, un „eu fără trecut", care „trăiește în mutația bruscă"[17], în starea de firesc (opusă absurdului ca stare de conștiință ce încremenește trăirea în memorie, în semn) a sentimentului lipsit de memorie[18], a mirării ca reacție la real. Trăirea spontană, imprevizibilă descinde din

---

[16] Ștefania Mincu, *Nichita Stănescu între poesis și poiein*, Editura Eminescu, București, 1991, p. 19.

[17] Ion Pop, *Nichita Stănescu – spațiul si măștile poeziei*, Editura Albatros, București, 1980, p. 30.

[18] „Apare fenomenul îndrăgostirii (...) și toata biografia real-imaginară ți se potențează într-un cântec fără de vârste și fără de timp. Nu există amintiri ale unui sentiment. Sentimentul are o natură profundă, curată. Odată ars, el nu lasă urme" (Nichita Stănescu însoțit de Aurelian Titu Dumitrescu, *Antimetafizica*, Editura Cartea Românească, București, 1985, p. 284).

durata interioară și se deschide spre viitor, ieșind definitiv din paralizia amintirilor copilăriei.

Universul se transformă, se construiește sub puterea cântecului de dragoste, iubirea își manifestă energiile creatoare, astfel, lumea interioară erupe in exterior într-o infinitate de metamorfoze: „Din pieptul meu arămiu/ (...) leii cu coame focoase, în friguri,/ ca niște explozii de aur vor țâșni/ și vor bate aerul și se vor prăbuși,/ și se vor face temelii/ și terasamente și diguri" (*Amfion constructorul*). În *Laudă omului* poetul propune schimbarea permanentă a perspectivelor ca mod de cunoaștere, ceea ce va numi mai târziu „cedarea reciprocă a specificului", respingând ideea încremenirii într-un singur punct de vedere.

Un aspect important il constiuie statutul cuvântului în primele volume. Cuvântul are acum consistență corporală („iarba-nclinată/ de căderea vreunui cuvânt,/ ca pe sub laba unui leu alergând"), astfel încât nu există diferență „între actul vorbirii și actul apucării unui obiect cu mâna". Conștiința vorbirii, a cuvântului ca semn ce alienează, nu s-a trezit încă. Acum are loc o „înscriere cu trupul"[19]: „iar gândul meu scris își infige-n pământ/ rădăcinile, sondele, ancora,/ visurile, dorurile, patimile". Între eu, lume și cuvânt există o unitate organică. Verbul se află, ca și trupul, în mișcare, este „leu alergând", are o forță constructivă, lumea se întemeiază prin simplă strigare a numelui. Cuvântul rostit re-creează lumea, trăgându-și substanța din eros: „Cuvintele se roteau, se roteau între noi/ înainte și înapoi,/ și cu cât te iubeam mai mult, cu atât/ repetau, într-un vârtej aproape văzut/ structura materiei, de la-nceput" (*Poveste sentimentală*).

[19] Ștefania Mincu, *op. cit.* , p. 23.

Cântecul „dizolvă memoria”[20], înlătură materia inertă, indiferentă, suspendă timpul exterior și instituie durata interioară, care înseamnă mișcare liberă a spiritului, elan, viteză, energii degajate în univers: „Când ne-am zărit, aerul dintre noi/ și-a aruncat dintr-o dată/ imaginea copacilor indiferenți și goi,/ pe care-o lăsa să-l străbată./(...)/ timpul se turti-ntre piepturile noastre/ și ora, lovită, se sparse-n minute.” În alt *Cântec* remarcăm aceeași forță a cuvântului de a despărți viul de inert, impunând supremația viului: „Să spunem cuvinte/ lungi, sticloase, ca niște dălți ce despart/ fluviul rece de delta fierbinte,/ ziua de noapte, bazaltul de bazalt.” Starea existenței este elogiată ca întâmplare a ființei, ca trăire a minunii, a nemaivăzutului: „Ce bine că ești, ce mirare că sunt!/ Două cântece diferite, lovindu-se, amestecându-se,/ două culori ce nu s-au văzut niciodată,/ una foarte jos, întoarsă spre pământ,/ una foarte sus, aproape ruptă,/ în înfrigurata, neasemuita luptă/ a minunii că ești, a întâmplării că sunt.” Eul nu apare într-o ipostază fixă, dinainte constituită, ci într-o continuă prefacere ce-l proiectează în viitor: „Du-mă, fericire, în sus, și izbește-mi/ tâmpla de stele, până când/ lumea mea prelungă și în nesfârșire/ se face coloană sau altceva/ mult mai înalt, și mult mai curând.”

Prin urmare, mișcarea creatoare caracterizează acum cuvântul, fiind în fond starea lui firească[21] (poetul va aspira mereu

---

[20] Nichita Stănescu însoțit de Aurelian Titu Dumitrescu, *op. cit.*, p. 284.

[21] V. eseul *Absurdul ca sublim ratat*, în care poetul vorbește despre distincția dintre firescul lipsit de memorie și absurdul ca stare de conștiință, în *Respirări*, Editura Sport – Turism, București, 1982, pp. 81-84 („Absurdul ca stare de conștiință, memorie mai mare decât lucrurile memorabile, provoacă (...) anularea organelor de simț, orbirea și surzirea știute și simțite de către ochiul lui Homer și de către urechea lui Beethoven”;

să recupereze starea de firesc a limbii, sa o readucă în stadiul inițial[22], eliberând-o din inerția memoriei). Mai mulți critici au remarcat faptul că versurile stănesciene se desprind de *mimesis*, de metaforic. Acest aspect de noutate este evident încă din primele volume. Reprezentând un obiect dinainte dat, metaforicul marchează îndepărtarea de firesc, presupune, așadar, cunoaștere anterioară, memorie. Cuvintele stănesciene nu reflectă lumea, ci sunt trăire, stare ce se „transcrie" literal. În primele volume, ele impun lumii ritmul interior al eului solidar cu sine.

2. Etapa sciziunii sau conștiința trecerii „dinspre firesc spre cuvinte" în *Dreptul la timp*

Cu *Dreptul la timp* (1965) se produce „ascuțita, fulgerătoarea tăietură care desparte insul de generalitatea confuză, care dă concretețe limbii prin conștiința de sine"[23]. Poetul va trece acum printr-o succesiune de rupturi care îi vor revela unicitatea sinelui, neputința lui de a mai intra în comuniune cu lumea, despărțirea de eul contingent supus unor forțe exterioare, închistat într-un trecut repetabil.

„Firescul este o speranță de sublim pentru că, fără memorie fiind, mirându-se tot timpul, la un moment dat în ascendență poate să fie identic cu revelația. Atâta doar că atunci nu se mai miră, ci devine rugăciune").

[22] Daniel Dimitriu, *Nichita Stănescu. Geneza poemului*, Editura Universității „Al. I. Cuza", Iași, 1997, p. 201.

[23] Nichita Stănescu, *Cartea de recitire*, Editura Cartea Românească, București, 1972, *apud* Ion Pop, *Nichita Stănescu – spațiul și măștile poeziei*, Editura Albatros, 1980, p. 36.

O etapă fundamentală în procesul cunoaşterii o constituie trezirea conştiinţei propriului trup[24]. Durerea induce în conştiinţă un semnal asupra perisabilităţii trupului[25], altfel spus, asupra ideii de moarte. Conştiinţa percepe moartea ca realitate dată, absurdă, ce anihilează fiinţa. Reprezentând desprinderea de „generalitatea confuză", ruptura presupune şi posibilitatea salvării printr-un act creator. „Biografia interioară" la care aspiră poetul implică o recreare în interior, o ruptură de trecut, de ceea ce este dinainte dat, instituind puterea creatoare prin raportarea la un viitor al „neîntâmplatului", al „nenăscutului": „Amintirea întâmplărilor mele vine din viitor nu din trecut" (*Frunzişuri*), „Există numai ceea ce va fi,/ numai întâmplările neîntâmplate,/ atârnând de ramura unui copac/ nenăscut, stafie pe jumătate", „Tristeţea mea aude nenăscuţii câini/ pe nenăscuţii oameni cum îi latră" (*Cântec*). Trecutul este identificat cu nefiinţa, cu memoria ce înglobează „conserve de timp", trupuri mumificate: „Soldaţii cei tineri stau daţi cu ceară/(...)/aşezaţi întocmai aşa cum erau în secunda/ când viaţa s-a rupt şi moartea a-nghiţit secunda" (*Basorelief cu soldaţi*).

Un poem reprezentativ pentru schimbarea ce se produce acum în universul poetic este *Enghidu*. Primul vers, „Priveşte-ţi mâinile şi bucură-te, căci ele sunt absurde", ilustrează noua viziune asupra corporalului: trupul nu mai ascultă, ca la început, de pulsiunile sentimentelor care îl umpleau atunci de energii

---

24 „Prima formă a naturii de care iei cunoştinţă este propriul tău trup. Luarea de cunoştinţă a propriului tău trup este un prag esenţial al cunoaşterii. Din durere apare frica, din rănirea părţii de natură a insului" (Nichita Stănescu însoţit de Aurelian Titu Dumitrescu, *Antimetafizica*, Editura Cartea Românească, Bucureşti, 1985, p. 303).

25 Corin Braga, *Nichita Stănescu. Orizontul imaginar*, ediţia a II-a, Editura Dacia, Cluj-Napoca, 2002, p. 83.

ascensionale („Chiar trupul meu de-atunci, rezemându-se/ pe fluturătorul aer (...)/ cutremurându-se, îndepărtându-se, schimbându-se,/ trecea neliniștit în gând", spune nostalgic poetul în *Invocare*). Unitatea dintre trup, minte și inimă s-a rupt, iar poetul constată alteritatea propriului corp, supus unei legi absurde, acționând mecanic, neputând să-i mai exprime sinele unic[26], eul vital. Unitatea de la început, „schimbul de materii cu lumea" sub forța osmotică și modelatoare a erosului au ca revers acum sentimentul singurătății ființei, al fragmentării ei în timp: „un lucru asemenea altuia/ nu există./ Ceea ce e unic el însuși se doare pe sine, mărturisind ca la toance,/ în munți, trecerea timpului". Fiind, de data aceasta, supus procesului conștientizării și al contemplării, timpul nu mai reflectă durata interioară aparținând ființei (și care îi dădea acesteia sentimentul continuității), ci este perceput ca fragmentare a întregului existenței, ca forță exterioară ce consumă ființa, condamnând-o la neant.

Conștiința timpului produce despărțirea sinelui de propriul suflet, de durata vitală[27]. În mod similar, conștiința vorbirii duce la separarea sinelui de propria vorbire[28]. Ceea ce este fixat într-un nume este atins de moarte, își pierde forța vitală, poetul se alienează de propriile stări sufletești prin numirea acestora: „Ca să

---

[26]„Ca lege suntem. Ca întâmplare, sunt", observă poetul (în *Respirări*, Editura Sport – Turism, București, 1982, p. 79), afirmând ruptura de „generalitatea eternă a legii" prin întâmplarea care ține de eu, de „însumi", de unicitatea sinelui, de „nod".

[27] Corin Braga analizează treptele alienării poetului de sine în *op. cit.*, pp. 81-91.

[28] „Deodată afli că vorbești. Brusc, vorbirea din cântec devine cu totul și cu totul altceva. E ca și cum a privi nu mai e privire, ci un ciudat sistem de semne" (Nichita Stănescu, *Cartea de recitire*, *O-I, OI*, p. 141).

fie ceva între noi, altceva (...)/am botezat ceea ce însumi făcusem,/ rănindu-mă,/ mereu împuţinându-mă, mereu murind,/ cu vorbe de buzele mele spuse."

Cuvântul nu mai este „repetare a structurii materiei"; devenit semn, adică o formă ce nu mai decurge, ca înainte, direct din mişcările interioare, el capătă o realitate autonomă, diferită de cel care le rosteşte: „Glasul meu nu mai are/ nici o putere asupra lor./ Verbele nebune/ îşi urmează singure destinul" (*Verbele nebune*). Fiind resimţită ca o traumă, ca o ruptură de firesc, descoperirea cuvântului scris a condus la obiectivarea lui, ca urmare, cuvântul nu mai face parte din sine, ci este privit „din afara" sinelui[29]. E acea dureroasă trecere „dinspre firesc spre cuvinte"[30].

Insuficienţa cuvântului de a pătrunde esenţa lucrurilor, de a reda dinamica trăirii şi eul vital al poetului este ilustrată în *Schimbătorul de viteze*: „Materia o mângâi, abia atingând-o/ cu şuvoiul străveziu al cuvintelor mele/ care o-nfăşoară şi mult mai rapid/ se-ntorc în moarte, lăsându-mă-n lume". Cuvintele aparţin trecutului, „se-ntorc în moarte", lăsând poetul „în lume", dezamăgit de neputinţa de a găsi acel „cuvânt care să exprime adevărul". Artistul începe să trăiască drama cuvântului, tinzând spre *starea de poezie.*

Geneza poemului descrie starea poetică anterioară expresiei, *in statu nascendi*, în proces: „Se zgâlţâie învelişul, se modifică-ntruna,/

[29] „Când am aflat că ceea ce se vorbeşte poate fi scris, adică redat vederii, m-am speriat ca şi cum aş fi emis pe gură animale, îngeri şi alte făpturi. Evident că am început să mă bâlbâi şi, bineînţeles, am rămas repetent" (Nichita Stănescu însoţit de Aurelian Titu Dumitrescu, *op. cit.*, p. 26).

[30] Ibidem.

râde şi plânge în acelaşi timp,/(...)/ se lasă privit până când el însuşi/ devine privire". Aceasta este „fiziologia poeziei", materie vie, în continuă facere, „fenomen pre-poetic", niciodată act încheiat. Închiderea nefirească în cuvinte ucide trăirea poetică întemeietoare, împietrind-o în semn: „...dar deodată totul dispare;/ rămâne numai papirusul, hârtia, piatra,/ soldatul execută ordinul sergentului,/ rigida mână ascultă de rigidul suflet."

Trezirea conştiinţei a determinat o succesiune dureroasă de rupturi, i-a dezvăluit poetului absurdul propriului trup, absurdul naturii indiferente care osândeşte fiinţa la neant, absurdul cuvântului ca semn nefiresc, arbitrar. Absurdul este însă anulat prin încercarea poetului de a-şi constitui o „biografie interioară", ca rezultat al propriului efortul creator, impunând, astfel, un sens existenţei şi insuflând naturii o dimensiunea a tragicului, ce o desparte pe aceasta de absurd „şi-i dă o primă coerenţă în tensiunea sentimentului"[31]. Faptul de a „îngrozi" absurdul naturii prin tendinţa spre fiinţă[32] traduce încercarea sinelui de a se recrea, angajându-se într-un demers recuperator al energiilor vii, întemeietoare, ce îl sustrag datului, cantonării într-o structură exterioară. Prin potenţialul creator ce face posibilă permanenta lor revitalizare, cuvintele anulează spaima morţii[33], născându-se din tensiunea semantica existentă în conştiinţă şi nu dintr-un sens dat; demersul stănescian vizează preschimbarea cuvântului în

[31] Nichita Stănescu însoţit de Aurelian Titu Dumitrescu, *op. cit.*, p. 304.

[32] „A îngrozi natura, a-i îngrozi absurdul ei de copilărie generalizată, a-i găsi tendinţa spre fiinţă e sensul poeziei mature" (ibidem).

[33] „Cuvântul (...) are o forţă atât de mare, încât anihilează frica primordială şi transformă trupul său [al poetului], iar, prin extensie, trupul naturii, într-o mirare" (*ibidem.*, pp.303-304).

„material fundamental uman”, recuperarea lui ca trăire, prin devalorizarea accepției sale de semn lingvistic, sterilă în planul creației artistice: „Îmi învățam cuvintele să iubească,/ le arătam inima/ și nu mă lăsam până când silabele lor/ nu începeau să bată” (*Ars Poetica*). Prin aceasta, are loc o reconectare la durata interioară, desprinderea de sub tirania timpului exterior anihilant, eliberarea din spațiul memoriei devenit atât de dens, încât lucurile intră unul în altul, supuse aneantizării („Timpul intră-n timp/ ca două oglinzi paralele/(...)/ Și chipul meu din copilărie/ are zece ochi înghesuiți unul în altul”). Viitorul este identificat cu ființa pe cale de a se naște, entitate virtuală, prefigurând ivirea eului creator desprins de eul contingent. Lipsit de memorie, prezentul se instituie ca timp privilegiat, irepetabil, în care poetul trăiește amintirile ce vin dinspre ființa eului creator: „Amintiri nu are decât clipa de-acum./ Ce-a fost intr-adevăr nu se știe” (*Cântec*), „Ceea ce învingea devenea real/ ca o pregătire solemnă/ pentru răsăritul soarelui/ văzut de ochiul noului născut.// Totul se întrupa în acel strigăt/ țâșnit din lucruri (...)// Te iubesc, strigam, prezent al vieții mele,/ și strigătul/ mi se desfăcea în comete” (*Îndoirea luminii*). Nevoia de a îndoi raza coincide cu nevoia artistului de a-și constitui sinele unic, ca „nod” ce se disociază de generalitatea legii, desfăcându-se din „cleiul negru și greu al viselor”, din masa inertă a inconștientului.

Urletul lui Ghilgameș apare ca „ripostă fundamentală la descoperirea morții”[34]. Îl putem asocia cu puterea individualității creatoare de a „îngrozi natura” prin cuvânt. Astfel, cuvântul

[34] v. eseul *Temporara suprimare a absurdului*, în Nichita Stănescu, *Respirări*, pp. 84-86.

devine „partea cea mai rezistentă a biologiei umane”, înlesnind accesul la nemurire[35]. Prin cuvânt, absurdul este anihilat („Absurdul exprimat încetează să mai fie absurd” [36]), iar în locul absurdului se instituie dimensiunea tragicului[37].

Dacă în primele două volume recunoaştem trăsături de factură romantică, precum elanul cuprinderii Totului şi statutul cuvântului ca forţă întemeietoare, în *Dreptul la timp* poetul se situează în modernitate prin descoperirea noii ipostaze, de semn alienant, a cuvântului, ce „destrupează” fiinţa şi declanşează ruptura, precum şi prin revelarea unicităţii eului. Cele trei volume constituie împreună „un efort de cucerire a <<stării de poezie>>”[38], urmând ca poetul să se izoleze propriu-zis în spaţiul poeziei în următorul volum, *11 Elegii*.

---

[35] Ghilgameş urlă „nu din jalea pierderii unui prieten, ci din revelaţia morţii. De aici şi brusca lui hotărâre de a căuta nemurirea” (Nichita Stănescu, *Cartea de recitire*, p.115).

[36] Nichita Stănescu, *Respirări*, p. 85.

[37] „Absurdul apare atunci când asociem spaima cu tragicul. (...) ...dimensiunea tragicului are autor. Tragicul are loc de naştere precis şi nu are un caracter generalizat, ca spaima, ci monodic, adică irepetabil, după cum irepetabil este autorul” (Nichita Stănescu, Aurelian Titu Dumitrescu, *op. cit.*, pp. 280-281).

[38] Marin Papahagi, *Exerciţii de lectură*, Editura Dacia, Cluj-Napoca, 1976, p. 179.

3. *11 Elegii*: aventura din spaţiul cuvântului. Reconvertirea cuvântului în „material fundamental uman"

11 Elegii este cartea „rupturii existenţiale, (...) starea gălbenuşului şi a albuşului, în situaţia de a alege alt ou de var"[39]. Prin „ruptura" de eul biografic, poetul îşi începe aventura în spaţiul cuvântului, impunându-şi noua identitate, de creator angajat în actul creaţiei vazut ca proces, ca trăire a tensiunii semantice „spre un cuvânt din viitor". Procesul creaţiei se desfăşoară în labirintul legii cuvântului[40], echivalând cu încercarea artistului de a se desprinde din ordinea lui constrângătoare, pentru a-şi evidenţia sinele creator, recuzând ideea unui eu creat de către un „altul", determinat de forţe exterioare străine esenţei sale.

Prin însuşi titlul lor, *Elegiile* trimit la un conţinut propriu fiinţei umane, manifestându-se ca trăire, stare şi experienţă interioară; altfel spus, materialul poetic rezidă în cuvinte trăite (valoarea artistică a cuvântului se probează prin calitatea sa de „material fundamental uman"; în a doua parte a operei stănesciene, va fi perceput, literalmente, drept realitate metalingvistică, „fiziologie"), în „idei simţite", în stare ce nu poate fi transgresată[41]. Cuvintele trebuie să trăiască ele natura, „iar nu natura pe ele", eliberându-se de legile gramaticale, exterioare trăirii, modificându-şi necontenit forma după dinamica interioară.

---

[39] Nichita Stănescu însoţit de Aurelian Titu Dumitrescu, *Antimetafizica*, Editura Cartea Românească, Bucureşti, 1985, p. 102.

[40] Ştefania Mincu, *Nichita Stănescu între poesis şi poiein*, Editura Eminescu, Bucureşti, 1991, p. 89.

[41] *Ibidem*, p. 140.

De aici tendința către *literalitate*, transcenderea „gramaticității" cuvântului; cuvintele nu mai dețin un sens și o formă gata constituite (cum sunt, de pildă, cuvintele la Arghezi: „cuvinte-aer", „cuvinte-metal" etc., cuvinte „trăite" de natură, având un sens dat), nu mai sunt produs, ci devenire, prin aceasta negându-se semnul scris în favoarea *actului viu al vorbirii*, care include emițătorul și trăirile sale în sincronie. Prin urmare, cuvintele se nasc dintr-o dinamică a sensului, referentul lor se constituie într-o infinitate de virtualități (implică o simultaneitate a trăirii lăuntrice, coexistența unor stări aflate în tensiune), spațiu labirintic deschis[42], ce oferă posibilitatea „zborului dedalic", ca aspirație spre „un cuvânt din viitor". Ajungem astfel să înțelegem mai bine în ce constă inefabilul *necuvintelor* și *metalingvismul* stănescian, prin care cuvântul poetic se situează deasupra metaforei și devine „organ al ființei".

„Antielegia" o constituie poemul *Omul-fantă*, jucând rolul trădător al lui Iuda[43]; trădarea este împotriva ființei umane, considerată ca „fantă" prin care Ideea absolută se încorporează pentru a se autocunoaște. După cum a remarcat Ștefania Mincu, poetul adoptă, în subtext, o atitudine polemică împotriva „fenomenologiei spiritului" a lui Hegel, al cărei sens îl „răstoarnă": în cazul poemelor sale, fenomenologia este strâns legată de „fiziologie"[44].

[42] *Ibidem*, p. 162.

[43] Nichita Stănescu, Aurelian Titu Dumitrescu, *op. cit.*, p. 102.

[44] Ștefania Mincu, *op. cit.*, p. 97.

În *Elegia întâi*, cuvântul apare drept „totalitate de virtualități"[45], „lăuntru desavârșit", existență în sine[46], având un caracter ubicuu prin lipsa totală a oricărei determinări, absolut autonom față de orice sistem de referință, față de orice sens care ar putea să-l fixeze: „El începe cu sine și se sfârșește/ cu sine./ Nu-l vestește nici o aură, nu-l/ urmează nici o coadă de cometă.// Din el nu străbate-n afară/ nimic; de aceea nu are chip/ și nici formă." Infinitul nu se poate contempla din afară, el este „interioritate absolută"[47], în care sălășluiește nu divinitatea, ci ființa umană, ca permanentă preexistență[48], ce se face pe sine: „Aici dorm eu înconjurat de el". Așadar, nu putem vorbi, în acest caz, despre cuvântul *dat*, sacru, corespunzând Logosului, ci despre cuvântul ca act[49], fiind experiență trăită în interiorul ființei. Este răsturnată aserțiunea „La început a fost cuvântul"; cuvântul vine la sfârșit, ceea ce preexistă este sensul înțeles drept trăire, devenire, tensiune în conștiință. În *Elegia întâi*, el apare ca realitate originară, suficientă sieși („El începe cu sine și se sfârșește/ cu sine"), Tot nedesfăcut, caracterizat printr-o autonomie absolută, printr-o libertate totală a entităților, ce nu se pot substitui, ca în cazul metaforei (care presupune analogie, înlocuire): „Totul este inversul totului./ Dar nu i se opune, și/ cu atât mai puțin îl

[45] Ion Pop, *Nichita Stănescu – spațiul si măștile poeziei*, Editura Albatros, București, 1980, p. 41.

[46] „Cuvântul nu are dimensiune. El este. Este singurul lucru fără de lucru care este (...). Niciodată în afara lui, pentru că ceea ce este nu are în afară" (Nichita Stănescu, *Cartea de recitire*, Editura Cartea Românească, București, 1972, pp. 74-75).

[47] v. *Știința fizicii reinventată de un om care nu știe fizică*, în *Respirări*, Editura Sport – Turism, București, 1982, pp. 313-315.

[48] Ștefania Mincu, *op. cit.*, p. 87.

[49] Ibidem.

neagă/(...) el, care știe totul,/ la Nu și la Da are foile rupte". Alteritatea, ruptura apar doar odată cu trezirea conștiinței subiective. În acest „lăuntru desăvârșit" sălășluiesc formele anterioare, istorice, ale cuvintelor („Și nu dorm numai eu aici,/ ci și întregul șir de bărbați/ al căror nume-l port"), precum și urmașii („Șirul de bărbați îmi populează/ un umăr"), germenii unor lumi posibile, viitoare: „Ei sunt/ penele care nu se văd.// Bat din aripi și dorm –/ aici,/ înlăuntrul desăvârșit." „Zborul dedalic" din labirintul cuvântului, pe care poetul îl „întrezărește", traduce aspirația artistului de a transcende limitele cuvintelor, mai precis, formele lor istorice, exterioare, destinate morții, spre inefabilul *necuvintelor* ca pură tensiune preverbală.

Elegia a doua formulează un avertisment împotriva pericolului reprezentat de tendința de a da cuvântului un sens transcendental, ceea ce îl preschimbă în fetiș, conducând, ineluctabil, spre substituirea ființei printr-un semn, printr-un nume. Zeul este o forță abstractă, exterioară, ce împietrește capacitățile creatoare ale omului, blocându-i facultatea cunoașterii, înstrăinându-l de sine: „Ai grijă, luptătorule, nu-ți pierde/ ochiul,/ pentru că vor aduce și-ți vor așeza/ în orbită un zeu/ și el va sta acolo împietrit, iar noi/ ne vom mișca sufletele slăvindu-l".

Aceeași idee de a nu te lăsa creat de către o instanță străină, de către un „Altul" (reprezentat fie de o abstracțiune, fie de lumea obiectuală ca atare) o găsim și în *A treia elegie.* Poetul respinge închistarea in orice fel de dogmă, preferă „alternanța pulsatorie", dinamică, între două atitudini opuse: „Contemplare, criză de timp și iar contemplare" (prin această *mișcare pulsatorie*, este depășită starea de scindare, de rupere, simțită de eul empiric, instituindu-se o relație de continuitate în locul celei de opoziție[50]). În prima secvență, „Contemplare", starea de „trezie" aduce spiritul într-o zonă din ce în ce mai rarefiată până când „Deodată devine gol pe dinăuntru/ ca o arteră fără sânge/ prin care peisajele curgătoare ale somnului/ se văd". „Trezia", ajunsă în acest stadiu, devine, paradoxal, somn, orbire, rezultând în ceea ce poetul va numi „pierderea cunoștinței prin cunoaștere", printr-o gândire pur abstractă. În a doua secvență, „Criză de timp", privirea contemplativă nu poate ține în loc lumea obiectelor caracterizată printr-o perpetuă transformare: „Mă amestec cu obiectele până la sânge,/ ca să le opresc din pornire,/ dar ele izbesc pervazurile și curg mai departe/ spre o altă orânduire." În urmatoarea „Contemplare" este prezentat motivul păsărilor care vin din afara subiectului ca o forță abstractă agresivă, ce reduce, „destrupează" ființa: „ele mi se înfig în umeri, în șiră,/ ocupă totul și nu mai au unde sta/(...) Fluviu de păsări înfipte/ cu pliscurile una-ntr-alta se agită". În secvența a patra subiectul trece prin două experiențe opuse: pe de o parte, este „prizonier" al privirii contemplative care îl ține „la un capăt al ei fructificat", transformându-l în obiect fără viață; pe de altă parte, cedează tiraniei lumii obiectelor, lasându-se absorbit de ochiul dinăuntrul realului: „Copacii ne văd pe noi,/ iar nu noi pe ei". În ambele cazuri, poetul „atârnă" de o forță exterioară sinelui, ce-l anulează ca subiect. Astfel că, în ultima „Contemplare", va prefera raportarea la sinele interior, cu trăirile sale vii, optând pentru o cunoaștere ontologică (implicând particularul, ființa), în locul celei abstracte: „Gravitație a inimii

[50] Daniel Dimitriu, *Nichita Stănescu. Geneza poemului*, Editura Universității „Al. I. Cuza", Iași, 1997, p. 77.

mele,/ toate-nţelesurile rechemându-le/ mereu înapoi. Chiar şi pe tine,/ rod al magneţilor, gândule".

A patra elegie ilustrează „lupta dintre visceral şi real", dintre trup si spirit. Prima parte descrie lumea obscură, inertă a organicului (simbolizat de „Evul Mediu"), cufundat în inconştienţă, în somn, supus absurdului unei ordini mecanice: „Învins în afară,/ Evul Mediu s-a retras în chiliile/ roşii şi albe ale sângelui meu/(...) într-un circuit absurd". Între cele două „jumătăţi" e o luptă surdă: „propriul meu trup mă urăşte/ ca să poată exista mai departe/ mă urăşte". Ruptura unităţii primordiale este resimţită dureros de către spirit: „Durere a ruperii-n două a lumii/ ca să-mi pătrundă prin ochii, doi". Este o durere metafizică intensă, tensiune a unor idei *simţite*, adresându-se, tocmai prin acuitatea trăirii, mai curând percepţiei decât înţelegerii. Chiar dacă *Elegiile* conţin idei, esenţa lor nu rezidă în metafizică (aşa cum au interpretat cei mai mulţi critici, considerând că *Elegiile* îşi trag sursa din filozofia lui Hegel). Nichita Stănescu îşi expune în eseuri ideea incapacităţii omului de a ajunge la o „cunoaştere sferică", de a capta „ideea absolută", din cauza discontinuităţii organelor de cunoaştere. Nu se poate ajunge la sens, doar tindem către sens; sensul este transfigurat în tensiune, în „tendinţă spre sferă"[51], în tânjire către „potrivirea de

[51] O analiză interesantă aplicată discursului eseistic stănescian centrat pe argumentarea „logicii ideilor vagi" realizează Luminiţa Chiorean în studiul „Arhitectura discursivă în eseurile lui Nichita Stănescu", în volumul *The International Conference: European Integration between Tradition and Modernity* EITM - First Edition, 22-23 septembrie 2005, Târgu-Mureş, pp. 222-232. Sensul poetic se constituie doar ca tensiune spre „sferă", spre realizarea unei „cunoaşteri continue": „Cele două tipuri de idei – ideile coherente şi ideile vagi [corespunzând noţiunilor ce provin din organe de

jumătăți", tensiune între sentiment și idee ce se „transcrie" literal: poezia devine „fiziologie", „organ" care „repetă activitatea inimii"[52].

A cincea elegie, numită și „*Tentația realului*", transmite aceeași senzație de oprimare pe care o simte eul poetic sub presiunea lumii realului. Contopirea poetului cu realul, deși a fost interpretată în general pozitiv de către critică, are conotații mai degrabă negative, proprii stării elegiace[53]. Ideea unei instanțe străine, ce i se impune eului forțat, este sugerată de termenii din aria culpabilului: „tribunalul frunzelor", „Sentințe scrise în limba sâmburilor./ Acte de acuzare parafate/ cu măruntaie de pasăre", „răcoroase penitențe gri hotărâte mie"; subiectul simte privarea de libertate și pierderea identității tocmai prin această „cedare a specificului" (se simte „numit" de către o instanță exterioară, nu mai este el cel care numește).

A șasea elegie ilustrează starea de „*afazie*", imposibilitatea rostirii cuvântului, a alegerii „între doi idoli". Este vorba despre cuvântul inautentic, semn mort, supus degradării prin neputința de a prinde în sine pulsiunile vii ale existenței; el este echivalent „idolului", simbol al închistării spirituale, al dogmatizării, ilustrat prin termeni precum: „bucăți de lemn", „schelete de cal", „oase

simț discontinue și, respectiv, sentimentelor ca forme vagi, „antinoționale", care umplă discontinuitățile, n.n.] – se suprapun în mod simultan, contradicția dintre cele două logici este o contradicție în mișcare: *tendința spre sferă*" [s.n.] (Nichita Stănescu, *Logica ideilor vagi*, în vol. *Fiziologia poeziei. Proză și versuri*, Editura Eminescu, București, 1990, p. 100).

[52] Nichita Stănescu, *Fiziologia poeziei. Proză și versuri*, p. 21.

[53] Ștefania Mincu dă o astfel de interpretare în *op. cit.*, pp. 108-110.

albe", „gropi"[54]. „Afazia" se traduce ca neputință a artistului de a-și realiza propria creație, orice creație presupunând opțiunea.

„*Opțiunea la real*" apare în *A șaptea elegie*, ca identificare cu toate obiectele, ca absolută „cedare a specificului", opțiune pe care poetul o realizează din dorința de a nu se lăsa „sacralizat", fetișizat: „Niciodată n-am să fiu sacru. Mult,/ prea mult am imaginația/ celorlalte forme concrete." Însă așa cum închistarea într-o abstracție, în sacru nu e o soluție, nici totala abandonare în proteismul materiei nu duce la o configurare autentică a sinelui creator. Ambele opțiuni au drept urmare constituirea unei identități iluzorii, false. Aviditatea de a cuprinde, de a reține, de a pipăi toate formele („Întind o mână, care-n loc de degete/ are cinci mâini,/ care-n loc de degete/ au cinci mîini...") se traduce prin dorință rapace de posesiune, iar a poseda nu e totuna cu a fi[55], înseamnă, în fapt, înlocuire a sinelui autentic printr-o entitate străină. Pipăitul este ultimul dintre simțuri (reprezintă „ondula întinsă" a vibrației luminii) și cel mai „orb", apt de o cunoaștere cantitativă (prin posesie) și nu calitativă a realului.

În *Elegia a opta, hiperboreeana* poetul adoptă o altă opțiune: „La frig cu noi și la gheață!/ Îmi voi dezbrăca trupul/ și voi plonja în ape, cu sufletul neapărat". Totuși, și acest spațiu are conotații negative: mediul acvatic este un simbol al amorfului, al inconștientului; oceanul reprezintă „Marele Tot devorator"[56], care anihilează subiectul. Spiritul se lasă pasiv în voia unei mișcări

---

[54] *Idem, ibidem*, p.111.

[55] „Numai ceea ce nu este poate poseda. Nu se poate poseda decât ceea ce nu este", spune poetul în *Respirări*, p. 339.

[56] Corin Braga, *Nichita Stănescu. Orizontul imaginar*, ediția a II-a, Editura Dacia, Cluj-Napoca, 2002, p. 281.

dezordonate, fără direcție, „browniene": „izbindu-mă de brownienele priveliști,/ într-o mișcare de spor, disperată,/ voi face zig-zaguri (...)// Fără putință de-înec și fără/ putință de mers și de zbor"; ultimele versuri sugerează anularea voinței și a libertății de mișcare. Reapare simbolul semnului ca limbaj străin: „cartea scrisă în cuneiforme" se asociază credinței oarbe, care „taie" privirile poetului, anulând posibilitatea unei perspective individuale. Hiperboreea este un loc al spiritelor născute moarte[57], care au adoptat o dogmă fără un efort rațional propriu, fără „cercetare": „Hiperboreea, zonă mortală/ a mai marilor minții, / loc al nașterilor de copii de piatră,/ din care sculptați sunt doar sfinții." Este un spațiu oniric (Nichita Stănescu respinge de la început regresia în somn, evaziunea în vis), care exclude rațiunea, constând într-un amestec ambiguu de „alb, - negru,/ aur-argint,/ revelație, nerevelație, tristețe/ alergând și orbecăind." În ultima secvență întâlnim imaginea sferei (remarcăm alternanța ritmică, pulsatorie[58], care configurează structura intimă a poemului: trecerea de la „bunul simț", de la existența elementară, nediferențiată, la „rațiune"), simbol al abstracției pure. În jurul ei se învârt „inițiații": „mari berze", „vulturi imenși" (vulturii apar în general ca o forță abstractă, exterioară sinelui, impunându-se cu agresivitate[59]). Aici s-a atins idealul de perfecțiune, spre care ființa umană nu poate decât să tindă: „Desigur, idealul de zbor s-a-ndeplinit aici". Întrezărirea unui „mult mai aprig ideal" se

[57] Ștefania Mincu, *op. cit.*, p. 117.

[58] Ion Pop, *op. cit.* p. 65.

[59] Corin Braga face o clasificare a figurilor pteromorfe care apar în opera poetului, în *op. cit.*, pp. 128- 142.

traduce prin continua tensiune spre ceva mai înalt, spre viitor: omul nu este deținătorul sensului, ci un veșnic căutător al sensului, aceasta fiind însăși condiția creatorului.

În *Elegia oului, a noua* este ilustrat procesul originar al poeziei, ca „semantică ce tinde către un cuvânt din viitor", tensiune spre cuvântul adecvat, continuă transgresare a limitelor date. „Oul negru" este o figurare a Increatului în care se pregătește nașterea; primordială este senzația, ideea vagă (nu ideea noțională) din care se va naște cuvântul: „Sentimentul unei aripi îmi curge-n spinare,/ senzația de ochi își caută o orbită./ (...)/ S-a așezat pe mine o idee/ și mă clocește maternă." Tensiunea vitală care declanșează procesul creației se manifestă prin impulsul de a străpunge limitele cuvintelor ca simple învelișuri exterioare ce ascund sinele, prin încercarea artistului de a găsi expresia eului autentic (tinzând către *literalitate* prin eliminarea oricărei medieri): „Sare din mine un fel de plisc/ în toate părțile și deodată./ (...)/ Sparg coaja pielii mele, arsă,/ lipită de-a dreptul de suflet"; versurile: „Silabă răcnită,/ într-o perpetuă creștere smulsă" trimit la ideea imperfecțiunii cuvântului poetic, aflat mereu în proces, *in statu nascendi*, așadar, „jumătate-cuvânt"[60], „silabă" („răcnită" pentru că se naște dintr-un impuls vital, țipătul fiind asociat nașterii). Efortul artistului de a se construi pe sine, detașându-se prin creație de trecut, de formele istorice, implică ideea imperfecțiunii omului, starea lui permanentă de „jumătate-născut"[61], încercând să se autodepășească necontenit: „închis într-un ou mult mai mare,/ clocit de-o idee mai mare,/ gălbenuș

[60] Ștefania Mincu, *op. cit.*, p. 122.

[61] Ibidem.

jumătate, pasăre jumătate". „Zborul" i se refuză („Pui de pasăre respins de zbor"), el poate fi doar „întrezărit", întrucât impulsul spre creație vine din năzuință, din tensiune, iar poetul nu este un creator (ce-și duce până la capăt creația), ci numai tinde spre creație, într-un elan sisific[62]. Versurile-cheie ale poemului sunt: „Dintr-un ou într-altul mai mare/ la nesfârșit te naști, nezburată/ aripă. Numai din somn/ se poate trezi fiecare, –/ din coaja vieții nici unul,/ niciodată", sugerând idee ca „trezia" nu poate fi totală, că omul nu poate atinge sensul ultim, absolut, nu poate ieși din „coaja vieții". Acest lucru ar echivala cu însăși anularea umanului; doar ceea ce nu e uman, ceea ce e consumat, realizat până la capăt, se refuză procesului „vitalizării" printr-un sens, iar sensul nu există decât ca pulsiune, ca existență în continuă ieșire din sine, sfredelind învelișurile exterioare ce îl ascund și îl blochează.

Omul-fantă reprezintă „anti-elegia", jucând rolul lui Iuda care aici trădează elegiacul ca parte inseparabilă a umanului. Dacă Ion Pop interpretează poemul în sens pozitiv (ca simbol al „universalei cuprinderi, al totalei îmbrățișări a lumii, dintr-o perspectivă care o depășește, care e aceea a *ne-limitării*"[63]), Ștefania Mincu aduce o altă interpretare, din perspectivă ontologică: tocmai ieșirea definitivă din Limită este ceea ce desființează umanul, făcând inutilă comunicarea („Nu e loc pentru semne,/ pentru direcții") și însăși cunoașterea („Nu se știe cine îl vede pe cine"). Unitatea absolută, „ne-limitarea" anulează individualul,

---

[62] „Poezia este o tensiune semantică *spre un cuvânt care nu există, pe care nu l-a găsit* [s.n.]. Poetul creează semantica unui cuvânt care nu există" (Nichita Stănescu, *Fiziologia poeziei. Proză și versuri*, p. 21). De aici ideea că actul creației este continuă facere, niciodată act încheiat.

[63] Ion Pop, *op. cit.*, p. 68.

presupune pierderea totală a identității sinelui, instituindu-se ca exterioritate absolută[64]: „Omul-fantă vine din afară,/ el vine de dincolo,/ și încă de mai departe de dincolo", „El vine din afara lumii (...)/ din afara lui însuși". Este opusul a ceea ce în *Elegia întâi* apărea ca „interioritate absolută", în mijlocul căreia se afla ființa umană, și nu o entitate transcendentă („Aici dorm eu înconjurat de el").

Omul-fantă nu are durată, nu este, el „ia ființă venind", întrupându-se în fenomenele istorice ca dezvoltare procesuală spre un stadiu ultim, de cunoaștere absolută (sau autocunoaștere a Spiritului Universal). Este vorba despre un proces abstract, pasiv („el adulmecă existența/ și ia naștere lăsându-se/ devorat de ea"), nu despre o cunoaștere vie, care să implice conștiința umană (imposibilitatea unei astfel de cunoașteri este sugerată și prin repetarea sintagmei „nu se știe"). Altfel spus, devenirea *ideii* de om[65], care exclude omul.

Este respinsă viziunea hegeliană asupra istoriei ca instanță impersonală, detașată de faptele umane: „Istoria coagulează în cuvinte solemne;/ viitorul ni se înfățișează sub forma unei/ vorbiri/ pronunțate de niște guri/ cu mult mai perfecte decât ale noastre". Ideea simultaneității absolute este evidentă în versurile: „Sufletele morților/ sunt atmosfera terestră/ (...)/ sufletele lor își înfig câte un deget adânc/ în respirația noatră" (exprimând confundarea dintre viață și moarte), „Retina omului-fantă e lipită/ de retina lucrurilor./ Se văd împreună, deodată..." (între ochiul lui și cel al lucrurilor nu există „spațiu pentru vedere", conștiință care

---

[64] Ștefania Mincu, *op. cit.*, p. 132.

[65] *Ibidem*, p. 126.

să recepteze, cunoaşterea nu se poate realiza într-un spaţiu în care nu există ruptură, diferenţă). Imaginea „totului lipit de tot” este grotescă, absurdă. Perfecta cunoaştere de sine face inutilă comunicarea, ca atare nici aspiraţia artistului de a ajunge la expresia autentică a sinelui prin creaţie nu-şi mai are rostul.

Aşadar, acest Om-fantă „nu creşte organic dintr-un proces evolutiv sau cognitiv, ci <<se naşte>> într-un mod ciudat, trece dincolo de realitate, nu se naşte din SINE însuşi, în timp ce se predă acelei realităţi fade, renunţând, sau fiind silit să renunţe la sine însuşi, la interioritatea sa, la rădăcinile şi identitatea sa, la sâmburele de creştere, care cere o dezvoltare corespunzătoare...”[66]. Prin Omul-fantă, Nichita Stănescu aduce, în fond, o aspră critică la adresa regimului totalitar. De altfel, un cititor receptiv poate descifra atitudinea negatoare a poetului la nivelul întregului volum, atitudine voalată de limbajul subtil, rafinat, criptic al elegiilor. Poeziile „au putut să treacă de cenzură datorită structurii lor ascunse, esopice şi labirintice (dedalice)”[67].

Elegia a zecea, subintitulată „*Sunt*”, reinstituie starea elegiacă proprie fiinţei umane care-şi asumă conştient condiţia imperfectă. Singurul demers artistic valid îşi are temeiul într-un conţinut ontologic, într-un spaţiu plin, pulsional, organic, al fiinţei ce nu-şi trădează substanţa, recuzând, aşadar, ideea de a se lăsa asimilată fie unei sterile ordini abstracte care o „descărnează”, fie

---

[66] Dieter Schlesak, *Nichita sau metapoezia perioadei roşii. Convertirea totalitarului în unu*, în „Viaţa românească”, nr. 8-9 / 2008, traducere în româneşte de Cosmin Dragoste, text preluat din volumul *Nichita Stănescu, Elf Elegien. Aus dem Rumänischen und mit einem Nachwort: Metapoesie der roten Zeit*, de Dieter Schlesak, Editura Pop Verlag, Ludwigsburg, 2005.

[67] Ibidem.

dezordinii și incoerenței lumii obiectelor, care o supun diseminării, fragmentării. Tocmai aceast refuz al artistului de a rămâne prizonierul unui plan exterior, care i-ar impune o opțiune definitivă, adică blocarea într-o formă dată, confirmă o realitate ontologică „pulsatorie" ca sursă a operei sale, precum și imperfecțiunea intrinsecă a ființei, actul creației identificându-se cu actul asumării libertății interioare. Poetul caută expresia *literală*, proprie, a sinelui, astfel încât nu cuvântul să-l „vorbească" pe el (supunându-l „la voia divină", la voia unei instanțe străine). Acesta aspiră să-și câștige, prin creație, libertatea, dată doar ca încercare (niciodată dusă până la capăt) de a-și cuprinde sinele veritabil în cuvânt. De aici vine „*lirismul stării*"[68] specific poeziilor lui Nichita Stănescu. Starea se traduce prin tânjire, durere, boală, nu poate fi transgresată[69]: „Sunt bolnav. Mă doare o rană/ călcată-n copite de cai fugind". Este vorba despre o suferință ce-și are originea într-un conținut inefabil, „pre-verbal", în „tensiunea semantică spre un sens care nu există"[70]: „Sunt bolnav de ceva între auz și vedere,/ de un fel de ochi, de un fel de ureche/ neinventată de ere". „Invizibilul organ" ar echivala cu „ideea vagă" ce se naște în conștiință pentru a complini golurile, discontinuitățile percepției umane (organele de simț nu pot realiza o „cunoaștere sferică", ci una limitată, fragmentară: „Vine vederea mai întâi, apoi pauză/ (...)/ vine mirosul, apoi liniște"). „Ideile vagi" cuprind în simultaneitate, în stare, imagini si noțiuni,

[68] Ștefania Mincu, *op. cit.*, p. 140.

[69] Ibidem.

[70] „Eu locuiesc undeva între vedere și auz, eu sunt o tânjire a organelor omului, o tânjire de cunoaștere, o tânjire a simțurilor, tânjirea ideilor lui către perfecțiune", spune poetul în *Cartea de recitire*, *apud* Ștefania Mincu, *op. cit.*, p. 143.

sentimente și idei aflate în tensiune. Cuvintele, considerate „animale și plante abstracte", sunt negate ca semne lingvistice care urmează o lege a lor, abstractă, exterioară eului poetic („M-au călcat aerian/ abstractele animale,/ (...) Și au trecut peste organul ne-nveșmântat/ în carne și-n nervi, în timpan și-n retină/ și la voia vidului cosmic lăsat/ și la voia divină"). De aceea poetul va tinde spre *necuvinte* ca spre o cale de comunicare cu *inefabilul*, necuvântul transgresând metaforicul, scripticul, spre *„acel tulburător nu-știu-ce"*, un sens *în devenire*, multiplu. Necuvântul are o funcție de sinteză, lucru sugerat și de sintagmele: „ochi-timpan", „papilă-mirositoare".

Dacă prima parte a elegiei descrie starea de tânjire către unitate, a doua parte prezintă cealaltă alternativă: aspirația către multiplicitate: „de numărul unu sunt bolnav,/ că nu se mai poate împarte". Suferința metafizică e intensificată acum de suferința de real: „Mă doare că mărul e măr", „sunt bolnav de sâmburi și de pietre/ (...) Mă doare diavolul și verbul". Suferința, boala vin din tânjire, din lipsa unor organe apte de o cuprindere totală fie a realului, fie a sensului ultim (există doar tendința spre o astfel de cuprindere).

În *A unsprezecea elegie* (*„Intrarea în muncile de primăvară"*) este afirmată opțiunea veritabilă a poetului: raportarea nu la o abstracțiune, nici la lumea obiectuală, ci la sinele vital. Conținutul, lumea interioară constituie cauza primordială a formei, a creației: „conținut mai mare decât forma, iată/ cunoașterea de sine". Trăirea se manifestă ca mișcare pulsatorie, făcând posibilă cuprinderea vie, cu sinele, a lumii: „Inimă mai mare decît trupul,/ sărind din toate părțile deodată/ și prăbușindu-se din toate părţile-napoi". Eul este punct de plecare şi de întoarcere. Versurile „Moare numai cel ce se ştie pe sine,/ se naşte numai cel care îşi este/ sieşi martor" reflectă ideea că omul nu poate fi decât martor la transformările ce se petrec la nivelul sinelui, de vreme ce viaţa consistă în mişcare, în devenire; în alţi termeni, omul nu este o esenţă gata constituită sau care poate fi expusă, devoalată, consumată printr-un act de cunoaştere totalitar; esenţa sa se dezvăluie prin trăire (caz în care dezvăluirea coincide cu un act al sporirii), poetul negând posibilitatea unei cunoaşteri care să ducă la epuizarea (şi, implicit, la reificarea, înstrăinarea) ei, definindu-şi doar în acest mod statutul de fiinţă liberă. Cunoaşterea ca proces încheiat corespunde morţii. Subiectul nu se poate desprinde din sine fără a nega, prin aceasta, însuşi actul vital, întrucât mişcarea, ca manifestare a vieţii, îi cere să rămână unitar cu sine: „numai ceea ce este/ nemişcat în el însuşi/ se poate mişca". Versurile: „Totul e simplu, atât de simplu, încât/ devine de neînţeles" reliefează ideea că existenţa nu trebuie înţeleasă, ci doar trăită, că „Totul" trebuie deconceptualizat, umanizat, prin recunoaşterea dimensiunii lui inefabile ca sursă a experienţei veridic umane. Inima nu se poate vedea, poetul nu se mai priveşte pe sine din afară obiectivându-se: „Totul e-atât de-aproape, încât/ se trage-napoia ochilor/ şi nu se mai vede". Distanţarea, ruptura nu se mai produc.

Sinele înconjoară, de data aceasta, cuvintele (fapt ce anunţă instaurarea literalităţii), nu mai este el cel îngrădit de cuvinte: „numai înconjurându-l cu mine/ iau cunoştinţă de el/ ca despre-o răsărire de iarbă mărturisită/ de cuvinte gurii care le rosteşte,/ mărturisită de cuvinte inimii,/ de inimă sâmburelui ei,/ cel în el însuși nemișcat, aidoma/ sâmburelui pământului/ care-ntinde jur împrejurul lui/ o infinitate de brațe ale gravitației". „Mărturisirea" este directă, *literală*, nemediată de vreun semn străin, altfel spus, cuvintele „trăiesc natura", trimit spre interior, „transcriu" starea ființei, bătăile inimii; nu natura trăiește cuvintele (caz în care interiorul s-ar fixa, ar împietri în cuvinte, „rupându-se" din sine, într-o mișcare inversă, nefirească, spre exterior).

Conceptul nu este dat anterior, nu preexistă eului, ci are ca sursă însuși actul vital, nu se poate întemeia în afara sinelui: „Voi alerga (...)/ până când alergarea/ chiar în ea însăși va alerga și va sta". Creația se dezvăluie ca semn al aducerii-aminte a aceea ce a fost trăit, trecut prin „filtrele" interioare, așadar, memorare a unui fapt trăit, nu doar contemplat, cuvintele fiind astfel dăruite, „însămânțate" cu energii ființiale care le suspendă caracterul alienant de semne abstracte: „înapoi spre mine însumi alerg,/ smulgându-mă de pretutindeni/ (...)/ și dăruind/ pretutindeni semne ale aducerii-minte:/ cerului – stele,/ pământului – aer". Eul se instituie ca origine (sămânță) a actului creației: „A fi sămânță și a te sprijini/ de propriul tău pământ". Renașterea, continua autodepășire, asociate primăverii, comportă raportarea *prin sine* (nu din afara sinelui) la „altceva", la absolut: „noi suntem semințele și ne pregătim/ din noi înșine să ne azvârlim, în altceva/ care poartă numele primăverii.../ A fi înlăuntrul fenomenelor".

Ciclul *Elegiilor* constituie o etapă esențială în procesul creației poetului, etapă a căutărilor, a explorărilor în interiorul cuvântului care cunoaște acum o redimensionare, prin noile valențe creatoare pe care le dobândește: din simplu instrument lingvistic, el devine act, *poiein*, limbaj viu, traducându-se ca poezie în continuă facere, ce nu s-a cristalizat într-o structură închisă. Este vorba despre o *poezie pulsatorie*[71], imposibil de fixat într-un sistem abstract, în semne, alcătuind o coerență vie. Întemeindu-se în ontologic, ea devine „organ" care „repetă activitatea inimii", așadar poezie *trăită* (cum vom vedea în etapele următoare, acest proces creator va rezulta în transcenderea limbii spre „fiziologie"). Ca atare, nu se poate vorbi despre incoerență, despre lipsă de unitate in *Elegii* (care nu sunt „poeme adunate la un loc într-un mod arbitrar"[72]). Ele se succed după o logică interioară, urmează mișcările intime, „pulsatorii" ce se petrec în conștiință.

Expresia poetică tinde să treacă dincolo de scriptic, să fie transcriere a actului vorbirii, păstrând prezența emitentului, accentul, timbrul, vocea sa. În acest fel, cuvântul nu mai este abatere, *iese din „metafizică"* pentru a coincide cu *starea.*

Nu este vorba nici de manierism, de simplu joc combinatoriu, de un amestec insolit de cuvinte. Expresia se eliberează de orice cauze exterioare, este încercare de a „traduce" sensul înțeles ca totală libertate interioară.

---

[71] „Ca metodă de creație și ca metodă de comunicare, am visat la un moment dat posibilitatea unei *poezii pulsatorii* [s.n.], care să repete într-un fel, prin forma sa, activitatea inimii. Și care să impună atenției conținutul său, dezvăluindu-l printr-o anumită coordonare a punctelor, a nucleelor lui de intensitate" (Nichita Stănescu, *Fiziologia poeziei*, p. 21, *apud.* Vasile Spiridon, *Nichita Stănescu. Monografie*, Editura Aula, Brașov, 2003, p. 46).

[72] În acest mod le interpretează Alex Ștefănescu, în *Introducere în opera lui Nichita Stănescu*, Editura Cartea Românească, 1987.

Pentru a putea transmite conţinuturi şi sensuri interzise în lumea aberantă a dictaturii, poetul s-a angajat într-un adevărat travaliu creator, de sublimare şi nuanţare a limbajului liric (asumându-şi „munca sufleteasca poetică a unui limbaj trăit sub presiune”[73]), cercetând, cu stăruinţă şi luciditate, posibilităţile creatoare ale cuvântului, tocmai din nevoia de a prinde în expresie ceea ce regimul se străduia să extirpe din om: „sâmburele fiinţei”; altminteri, actul creaţiei ar fi devenit absurd, şi-ar fi suspendat sensul[74]. Demersul său artistic îi va impune necesitatea inventării necuvintelor, echivalând cu o reconvertire a limbajului poetic pentru a face cu putinţă redarea combustiilor interioare ale eului liric consumate într-un spaţiu al trăirii metalingvistic.

[73] Dieter Schlesak, *art. cit.*

[74] După cum observă Dieter Schlesak, în *art. cit.*, Nichita Stănescu „s-a ocupat cel mai intens de găsirea unei noi ontologii şi poetici; mai ales în *11 Elegii*, pe care le-a purtat în sine pe toată durata terorii staliniste şi pe care le-a aşternut pe hârtie abia în 1966, ca în transă, scriind două zile şi două nopţi, au fost sublimate dictatura şi stările declanşate de ea, ca în nicio altă scriere europeană”.

II. Reinstituirea *mythos*-ului în locul *logos*-ului: recuperarea „stării impure" a poeziei ca act *in statu nascendi*

1. De la *Obiecte cosmice* la *Necuvintele*: transcenderea metaforei spre „necuvânt" ca expresie i-mediată a unei tensiuni semantice prelingvistice

Următoarele volume, de la *Obiecte cosmice* (1967) până la *Necuvintele* (1969), urmează direcția deschisă de *Elegii*, continuând experiențele poetului în spațiul cuvântului, spațiu încărcat de sensuri tensionate, în care se desfășoară geneza poeziei, creația mereu în proces. Actul liber al creației implică inevitabil experiența metamorfozelor, a crizei de identitate, „luptele" cu sinele și împotriva semnelor (cu tot ce reprezintă acestea: cuvinte moarte, numere, limbaj abstract).

În primele trei volume predomină impresia de risipire în vid a sinelui, pierderea individualității acestuia, neputința comunicării. Cuvintele „cresc înapoi, în amintire", nu mai pot crea lumi, ci rămân înțepenite în convenție, devin „măști râzând și plângând" și nu expresie autentică a sinelui. Ele păstrează lestul amintirii, al trecutului, împietrind în concepte, în idei dinainte date, care „devorează" eul vital, liber: „nu mă lăsați singur și pradă/ gurii care în loc de dinți/ are statui" (*Căderea oamenilor pe pământ*). E o stare elegiacă imposibil de fixat în cuvântul care se închide ca o sferă în sine însuşi, fără a mai putea cuprinde eul interior: „îmi mor numai cuvintele,/ gura strigătoare la cer rămâne" (*Cântec* în *Oul şi sfera*). În locul comunicării rămâne *starea* (în artă comunicarea lipseşte în chip necesar[75]: cuvintele nu mai sunt mijloace de comunicare, transcend limba); în universul artistic, semnul mut, care îndeplineşte doar funcţia de substitut al realului, cedează locul „plânsului" ca expresie nemediată a sinelui.

Cuvântului mort, ale cărui energii vii au stagnat în concept (în sferă), i se opune cuvântul-ou, în care germinează energii creatoare: „Oul deschide deodată o pleoapă:/ sub iris se aude bătând/ pliscul nenăscutei păsări" (*Oul cu iris*). Detaşarea de trecut este o condiţie a actului de creaţie, poezia ca devenire se află într-un stadiu de potenţialitate, deschizându-se spre viitor: „Sunt nenăscut. Ceea ce se vede/ de jur împrejur nu sunt decât/ strămoşii copacilor" (*Miza pe nenăscuţi*). La polul opus apare un spaţiu în care obiectele se multiplică la infinit, anihilându-se, spaţiul dens al memoriei, al morţii „populate de fiinţe", reprezentând o acumulare cantitativă de semne, de idei moarte: „N-am unde să mor./ Îmi trag sufletul până când/ şi în suflet există o populaţie/ a amintirilor" (*Elogiu*).

Demersul întemeietor (nu mimetic) al artistului consistă în străduinţa permanentă de a „salva" cuvintele de la risipirea în vidul obiectelor, de a le recupera funcţia creatoare (care le solicită

[75] „...comunicarea cu cineva nu lipseşte niciodată în limbaj, pe când în artă lipseşte în mod necesar. (...) nu limbajul, ci limbajul absolut, dezlegat de celelalte subiecte, este identic cu poezia"; limbajul artistic (ca „limbaj absolut") are o *semnificaţie metalingvistică supremă* (Eugen Coşeriu, *Prelegeri şi conferinţe*, Iaşi, 1994, p. 162, *apud* Mihai Cimpoi, *Luminile şi umbrele limbajului*, în "Revista Sud-Est", 2002/1/47, http://www.sud-est.md/numere/20020326/article_2/).

sa fie mereu în tensiune, în mişcare, pentru a fiinţa, refuzând osificarea peste lucruri, ca nume sau peceţi moarte ale acestora): „Numai cuvintele au fiinţă,/ numai ele există, există fugind/ speriate de moarte, de lucruri" (*O, lucrurile!*).

Cuvintele, ipostaziate în imaginea „capcanelor de metal", prind în semne pulsiunile vii, îngrădind libertatea gândirii creatoare: „scrisul e un mod de a încetini gândirea,/ un mod primitiv de a înţelege, de a opri/ mişcările gândului" (*Arta scrisului*). De aceea poetul l-a creat pe „A, divina capcană", prototipul tuturor literelor[76], jucând rolul inimii: conţinutul interior devine cauză primordială a formei, a cuvintelor (nu mai este el condiţionat de cuvinte, ci el determină cuvintele): „Am făcut un chip al tău, din cuvinte, /te-am desenat inimă/ şi ţi-am dat forma lui A."

Întemeierea din nou a lumii presupune deconstruirea tiparelor vechi, re-crearea lucrurilor după modelul lumii interioare, recuzând ceea ce a fost deja numit. *Frunză verde de albastru* este, după cum remarcă Ioana Em. Petrescu, „o încercare de a concura biblicul Logos creator"[77]. Deşi este respectată schema folclorică, în interiorul acesteia apar combinaţii de termeni antinomici, care produc efecte aparent absurde, având însă rolul de a realiza o numire proprie, nouă a lumii (prin aceasta este deconstruit tiparul folcloric): „Şi-am zis inimă la piatră şi

[76] Corin Braga, *Nichita Stănescu. Orizontul imaginar*, ediţia a II-a, Editura Dacia, Cluj-Napoca, 2002, p. 401.

[77] „<<şi-am zis>>, semnificând <<am numit>>, nu e numai o formulă poetică folclorică, ci şi – cu modificarea persoanei verbului – formula biblică << Domnul a zis>> din cartea Genezei" (Ioana Em. Petrescu, *Configuraţii*, Editura Dacia, Cluj-Napoca, 1981, p. 205).

cântec la tot ce latră,/ tot le-am potrivit pe dos pe un fluieraş de os"; tinzând spre *necuvânt*, poetul încearcă să găsească un sens dincolo de „a fi şi a nu fi" (care nu este gata constituit): „mai aud şi-un sunet sus/ care nu au fost adus/ în timpan de oameni vii,/ în a fi şi a nu fi". Poezia anticipează deconstrucţia parodică a modelelor din volumul *În dulcele stil clasic*.

În volumele *Laus Ptolemaei* (1968) şi *Necuvintele* (1969) regăsim aceeaşi nevoie de libertate a creaţiei, negarea semnului, a sferei ca simbol al închiderii, al închistării în dogmă, încercarea de a dez-limita, de a elibera cuvântul (a-i „muta zidurile") pentru a-i activa funcţia creatoare în locul celei mimetice. *Necuvintele* prefigurează poezia metalingvistică, acea poezie care, după spusele poetului, „nu ţine, în esenţa ei, de cuvinte".

În *Laus Ptolemaei* este afirmată opţiunea pentru adevărul uman (bunul-simţ, criza de timp) în locul adevărului abstract (raţiunea, „belşugul de timp la îndemână"). Ptolemaei ilustrează condiţia artistului ca „învins necesar", care nu-şi trădează lumea interioară pentru a cuceri un adevăr transcendent, străin existenţei (aceeaşi idee este evidenţiată şi mai târziu, în *Epica magna*, unde fapta eroică presupune asumarea înfrângerii, a condiţiei de "nod" existenţial, dincolo de orice sens şi repere exterioare): „el e singurul care a spus neadevărul/ şi e tot timpul/ tot timpul lung în care/ cei care au spus adevărul/ au avut vreme să şi moară", „El e necesar tot timpul/ pentru că este cel mai bun învins" (*Pledoarie*). „Din oboseală", „din plictiseală", omul nu poate rămâne solidar unei singure opţiuni: „a da curs raţiunii/ nu e decât o pregătire/ pentru bunul simţ viitor" (*Despre înfăţişarea lui Ptolemeu*). Poetul se plasează pe sine în centrul Cuvântului, al

Logosului creator, reprezentat de Aleph („aflându-mă în punctul numit Aleph"), identificat cu „interioritatea absolută" („El e înlăuntru. O, nimic nu e/ în afară. Totul e înlăuntru"); este deconstruită astfel teoria mulțimilor: „Aleph la puterea Aleph/ nu e cu putință", sensul ontologic impunându-se în locul celui abstract, valoarea calitativă în locul celei cantitative (*Aleph la puterea Aleph*). Aceeași idee o reîntâlnim în *Axios, Axios!*, unde Axios (exclamația greacă prin care se întâmpina adevărul) deține, asemeni lui Cain, „dreptul/ întâiului născut" (care este „în-sinele", ființa), afirmând valoarea lui „a fi pur și simplu": „El poartă valoarea în sine,/ el are sămânță!/ El este, el este!". Axios reflectă principiul individualizării, al multiplicității, al dinamismului existenței (opus sferei): „îndepărtare perpetuă/ a insului de sine însuși,/ pretutindeni și cu atâta pasiune/ încât tot ceea ce se vede ar trebui să nu se vadă/ din pricina răspândirii lui pretutindeni". În *Certarea lui Euclid* poetul se declară împotriva sferei, bazate pe economie, închisă într-un sens univoc, fără a putea cuprinde realitatea lumilor simultane: „Nu pot să cred ca frunza-i verde și atât./ În lumea simultană ea este ahov/ și-n cealaltă lume simultană este sirip". Este contestat modelul geometric, intelectual, constând în simpla însumare a părților („Nici un lucru nu poate să ocupe același spațiu în același timp cu un alt lucru"), opus modelului ontologic de tip organic, bazat pe încorporare[78]. Limbajul abstract este mimat parodic tocmai pentru a fi desființat.

Împotriva cuvintelor prezintă cuvântul ca o succesiune de semne ce nu izbutesc să redea integral lumea interioară, vie,

[78] Ioana Em. Petrescu, *Eminescu și mutațiile poeziei românești*, Editura Viitorul Românesc, București, 1998, p. 211.

preschimbând în trecut trăirile: „viaţa mea despre care nu pot striga/ decât lucruri ale trecutului". Poetul este împotriva cuvintelor care se pierd în multiplul fenomenal, care depind de obiecte, existând numai „dacă se lovesc de ceva", „numai înconjurate de lucruri", pradă, ca şi acestea, unei perpetue metamorfoze şi plasându-se sub semnul „crizei de timp", ca proliferare de semne, prin care este anulată posibilitatea unei expresii veritabile a lumii interioare: „numai ele, neliniştitele,/ se neagă tot timpul unele pe altele,/ se ucid", într-o luptă, în definitiv, sterilă, fiindcă acel sens autentic, integral le scapă.

În consecinţă, Nichita Stănescu va inventa „*necuvintele*", „laser lingvistic" care să „taie realitatea de dinainte", într-un demers întemeietor, independent de orice cauze exterioare, date. Necuvântul, spaţiu al potenţialităţii, se situează deasupra scripticului, vizează un sens în devenire, multiplu, se constituie într-o „semnificanţă infinită"[79] (Ştefania Mincu), implicând o totală libertate interioară. Este închinat un „pean" literei *A*, care, neavând un sens stabil, dat, ca atare refuzându-se înţelegerii („Ce eşti tu, A?"), înglobează în ea o multitudine de virtualităţi[80]

---

[79] v. cap. *Litera şi starea. „Semnificanţa" necuvântului* în Ştefania Mincu, *Nichita Stănescu între poesis şi poiein*, Editura Eminescu, Bucureşti, 1991, pp. 230-252. **Semnificanţa** „este aceea care deschide textul către lectura plurală; ea instituie posibilitatea semnificantului de a <<colecta>> noi semnificaţi, de a propune prin el o *semantică deschisă* a textului [s.n.]. Semnificantul excedând sensul, devine în sine o prezenţă <<grăitoare>>, fără să semnifice propriu-zis (...)"; lipsa sensului „se răstoarnă într-un potenţial maxim de real" (Ştefania Mincu, *op. cit.*, pp. 232-233).

[80] Corin Braga vorbeşte (în *op. cit.*, p. 408) despre valoarea integratoare a literei *A*, fiind asociată piramidei, în care sunt încorporate lumea contingentă, multiplul (reprezentat de pătrat, ca bază a piramidei) şi Unul, punctul (vârful piramidei). Este evidenţiată astfel funcţia sintetizatoare a necuvântului.

(ea este „matricea tuturor literelor"), se instituie ca deschidere prin care poetul „își azvârle" ființa („Cu tine mă lupt,/ în tine azvârl ființa mea/ ca odinioară Acheii calul troian/ în Troia"), umplându-se, așadar, de semnificație ontologică, de un sens inefabil, ce se sustrage înțelegerii și stabilirii într-o expresie: „A, tu stafie amenințătoare,/ cine ești/ și ce vrei?" (*Pean*).

Pentru a instaura în universul artistic necuvintele ca „elemente primordiale ale poeziei, așa cum se nasc ele, nenoționale și ambigue"[81], creatorul duce mai întâi o luptă cu semnele, forțe străine ce acționează agresiv prin încercarea de a-i înlocui sinele cu „altceva". În *Lupta lui Iacob cu îngerul*, el refuză „schimbarea numelui": doar prin numele său rămâne solidar cu sine (în regimul lui „a fi"), restul (pleoapa, mâna, piciorul, sufletul) stă sub semnul „celuilalt" (au trecut în sfera lui „a avea"): „Numai numelui meu nu-i spun «tu»", „Schimbă-ți numele, mi-a zis/ și i-am răspuns: Eu sunt numele meu", „Te-ai luptat cu însuși cuvântul/ și l-ai învins".

În *Lupta ochiului cu privirea* cuvântul iese din „metafizică", devenind „orb", adică întors către lumea interioară, către inefabil, lume ce poate fi doar presimțită, intuită[82]: „Ochi în descreștere, privind/ de din afară înlăuntru,/ iar dinlăuntru în afară/ numai cuvinte/ oarbe (...)/ Orbul de mine, marea o presimte".

---

[81] Nichita Stănescu, *Respirări*, Editura Sport – Turism, București, 1982, p. 168.

[82] Poezia transcende cuvântul: „poezia în esența ei nu ține de cuvinte. Esența poeziei nu trebuie mai întâi căutată în limbă" (Nichita Stănescu, *Cartea de recitire*, Editura Cartea Românească, București, 1972, p. 42), „Resimt ca firească, logică, acea tendință a poeziei de a deveni metalingvistică, deasupra laturii materiale a limbajului" (*ibidem*, p. 138).

Fiind percepută ca prezență ontologică, poezia transcende textul în accepția lui de mijloc prin care se transmit stări; textul devine, literalmente, *stare*. Analogia, ca pârghie a metaforei, este desființată pentru a face loc *metonimiei* (care nu se mai întemeiază pe substituție, ci pe contiguitate, nu mai implică reprezentarea, descifrarea, ci percepția, transmiterea nemediată; imaginea metaforică dă obiectul întreg, dar mort, trimite spre realul obiectiv, pe când percepția oferă doar o latură a obiectului[83], vizează partea, ține de emitent și de perspectiva subiectivă a acestuia). Totul e interior, fizic, nu metafizic: „N-am cer. Ce e mai departe de mine/ sunt eu, negrul și înlăuntrul". Ochiul „întors pe dos" nu mai privește (privirea distanțează, obiectivează), ci „plânge" (plânsul pornește direct din *ontos*, ca transmitere literală a acestuia): „Vine-n întuneric sângele/ purtător de știri smintite, –/ ochi întors pe dos, ah, plânge-le,/ gheața, țeapănul de stalagmite." Cuvântul, întors către interior, nu mai există ca marcă a unui sens stabil: „dar ce însemnă «cine?»/ și «a pierde»...?" (*Lupta inimii cu sângele*).

Cântec în doi propune starea „trimbulindă" în locul genialității, dinamismul existenței ca tensiune spre sens fiind preferabil unei semantici abstracte, moarte: „Noi nu vrem să fim geniali,/ noi vrem să fim trimbulinzi", „mereu balansând spre-un adânc/ și el mereu în mutare". Starea „trimbulindă", precum și cea de „râsu'-plânsu", capătă valențe tragice prin abolirea reperelor: întrucât nu mai deține o identitate stabilă, eul nu poate fi definit (se constată, prin urmare, *lipsa narcisismului* ca marcă

83 v. distincția dintre percepție și imaginea metaforică analizată de Ștefania Mincu în *op. cit.*, pp. 28-35.

distinctivă a liricii stănesciene[84]), totul se reduce la starea de a fi, imprevizibilă, inefabilă: „râsu'-plânsu'/ mă bufnește când spun/ secundei vechi putrezind în secunda/ de-acum" (*Râsu'plânsu'*), „nimic nu era drept, nici simplu, nici sacru" (*Memoria asasină*); nu mai poate avea loc o disociere clară între adevăr și minciună, poetul devine un „mim obosit" ce schimbă măști, fiindu-i oprit accesul către un sens sigur: „Mim fără limită precisă,/ nedespărțind un adevăr de o minciună,/ lăsându-le să doarmă gâtuite/ și pe aceeași pernă, împreună" (*Mimul întristat*). De aici „tragedia semnificantului"[85] care înglobează în el o virtualitate de sensuri și a cărui funcție de comunicare a fost desființată (această semnificație tragică este inerentă creației, care nu instituie un sens definitiv, ci este continuă devenire spre sens). Titlurile interogative pe care le întâlnim în volum sugerează imposibilitatea fixării sensului ontologic într-o definiție: nu *ce* exprimă cuvintele interesează, ci *starea* (inefabilul, tăcerea): „Cum, ce este?/ Este, pur și simplu./ Adică E, adică S, adică T, adică E.// Primul E mai vechi decât ultimul E./ Atât" (*Ce este viața? Când începe și încotro se îndreaptă?*), „Eu nu sunt nici bun, nici rău/ ci sunt, pur și simplu" (*Cine sunt eu?*), „– Văd cuvinte/ – Spune-le, spune-le!/ (Eu tac sub ciocârlii ca și-nainte)" (*Ce?*). Se constată frecvența tot mai mare a dialogului, preferința pentru vorbirea scenică, pentru mobilitatea cuvântului rostit, ca mijloc de a ieși din ordinea scripticului.

---

[84] Narcisismul simbolic este înlocuit cu „abisul și imprevizibilul stării", lipsește oglinda, privirea obiectivă (Ștefania Mincu, *op. cit.*, p. 24).

[85] Ștefania Mincu, *op. cit.*, p. 238.

Necuvântul apare drept o „«tăcere» densă”[86] sau o „substanţă din care a fost retrasă forma”[87], reunind în sine mai multe sensuri decât un cuvânt propriu-zis (după Ştefania Mincu, el este „semnificanţă infinită”). Necuvântul este un „nod imaginar”, cum observă Corin Braga, nu poate fi înţeles raţional („Ah, păsări din văzduh!/ Atâta vreme cât/ nu am să vă înţeleg pe voi/ vă voi iubi”, spune poetul undeva). Tot Corin Braga interpretează necuvântul drept „imaginea suprapusă a două realităţi paralele”[88] (cum sunt: pasărea care trece „de parcă-ar deschide ferestre”, iarba care înfloreşte, copacul cu mâini etc.), având posibilitatea de a cuprinde în el lumi simultane.

În *Necuvintele* comunicarea prin necuvânt duce la cedarea tragică a „specificului”, eul nu se mai instituie ca entitate identică sieşi: „Eu am trecut prin el./ El a trecut prin mine./ Eu am rămas un pom singur./ El/ un om singur”. Prin transcenderea cuvântului, comunicarea cu lumea este suspendată, eul rămâne „singur”, închis în „nodul” stării.

Poemul *Artă poetică* anticipează demersul deconstructivist din *În dulcele stil clasic*, constând în eliberarea liricii de propriile limitări şi canoane; ca urmare, nu se mai impune eludarea din spaţiul poetic a trivialului, dimensiunea metafizică fiind respinsă, invalidată prin „impurificarea” divinului: „Să mi se dea dreptul la jeg,/ dreptul la porc, dreptul la cîine [...]// Să mi se dea maţul de zeu/ umplut cu rău miros”.

---

[86] Corin Braga, *op. cit.*, p. 418.

[87] Ibidem.

[88] „o pasăre în zbor şi un zid cu fereastră dau naştere păsării cu ferestre; ochiul zeului şi fereastra casei dau naştere casei cu ochi; omul cu mâini şi copacul cu crengi dau naştere copacului cu mâini” (Corin Braga, *op. cit.*, p. 373).

Verva ludică este un alt mijloc de desprindere a limbajului din convențiile scripticului, de abolire a normelor, a ordinii dictate de acestea. În *Cântec în doi* întâlnim o acumulare excesivă de epitete, într-o sintaxă ilogică[89]: „noi vrem să fim trimbulinzi –/ triști, palizi și grei generali/ mari, lungi, ascuțiți, decorați,/ morți, duși, rătăciți, seculari/ și pe deasupra de toate, uitați (...)/ asemenea generalilor mari/ lungi, înalți, decorați, portocalii,/ greoi, goi, osoși, suferinzi".

Jocul combinatoriu, asocierile paradoxale de cuvinte, preferința pentru formele „extragramaticale" afirmă totala libertate a limbajului poetic și, dincolo de a fi pur spectacol, ascund un fond neliniștit; de fapt, acest fond este transpus literal în limbă, care devine, cum vom vedea mai departe, „fiziologie", *semnificant mereu în mișcare*[90], fără să trimită către un înțeles unic. Semnificația acestui „joc" al deconstrucției și reconstrucției continue este metalingvistică.

Se pregătește, astfel, intrarea în registrul „ludicului elegiac"[91], care va marca a treia etapă a creației stănesciene, deschisă de volumul *În dulcele stil clasic.*

[89] Nicolae Crețu, *Ludicul elegiac* (II), în „Convorbiri literare", nr. 5(125) / 2006.
[90] Ștefania Mincu, *op. cit.*, p. 240.
[91] Nicolae Crețu, *art. cit.*

2. *În dulcele stil clasic*: deconstrucţia parodică şi „dezgrăirea". Starea ludică a poeziei ca „stare impură"

În volumul *În dulcele stil clasic* (1970) se realizează „dezobişnuirea" propriu-zisă de maeştri (depăşirea modernităţii), prin deconstrucţia parodică a tiparelor clasice (sunt parodiaţi Homer, Eminescu, Arghezi, Blaga), prefigurându-se lirica postmodernistă; poezia face loc dialogului, descripţiei, narativităţii, experimentând mai multe stiluri. Canonul clasic (cu tot ce reclamă acesta: armonie, ordine, sens, norme, scrisul ca închidere, ca oprire) este deconstruit prin inserarea actului viu al rostirii (implicând spontaneitatea, imprevizibilul, eliberarea de reguli, de orice sens strict, de repere) în schema tradiţională (se produce „deliricizarea" actului poetic, trăsătură intens valorificată mai târziu de postmodernişti). Vorbirea înseamnă comunicare directă, fiind marcată de prezenţa emitentului. Rostirea este dizarmonică, aspră, însă ceea ce o declanşează este un fond existenţial tragic. „Litera cu râs de vaier" „râde" imitând „dulcele stil" şi „plânge" devenind trup la propriu (prin urmare, ea este „frivolă şi tragică, abjectă şi sublimă, hieratică şi prozaică, vorbind o limbă dublă: clară şi încurcată în acelaşi timp"[92]). Limbajul nu mai dictează el regulile în poezie. Libertăţile „limbii poezeşti" se impun contrariind permanent aşteptările estetice ale cititorilor.

---

[92] Ştefania Mincu, *Nichita Stănescu între poesis şi poiein*, Editura Eminescu, Bucureşti, 1991, p. 239.

Alăturările insolite de cuvinte nu au un efect pur ludic, ci mai ales unul de accentuare a acelui fond existențial tragic; scopul poetului nu mai este acela de a seduce prin limbă: țipătul pornind direct din *ontos* marchează strident, dizarmonic limbajul poetic „scuturat" de clasicitate: „Eu sunt o piatră-n strigare, o piatră, –/ un înger eu sunt, care latră/ o dată/ și încă o dată" (*Și adevărată, - și jucată*); povestea reține din „dulcele stil" aspecte formale, legate de prozodie, o anume seninătate ce transpare în unele poeme, nota de teatral, de artificial a tonului făcând și ea parte din actul ludic; dincolo de această mască „zvâcnește" însă un substrat tragic: „Smulgere de limbă este/ prea frumoasa mea poveste" (*Lepădare de copii*).

Poemul *Moartea păsărilor* descrie un tablou apocaliptic grotesc, cu efecte rebarbative, ilustrând eliminarea metafizicului din poezie, prăbușirea forțelor transcendente în mediul teluric: „Rap! Crok! Coji de ouă murdare/ înfundă burlane, canale./ E aripa îngerului încleiată de zid și de pom./ Cu albuș, cu gălbenuș, e lipită de om". Motivul îngerului este deconstruit prin asocierea lui cu elemente vulgare: „spânzurat de propriul har", „Îngerul fumează țigare/ de la țigare", „își duce întruna mâna la gât,/ țigara-ncleiată îi curge pe jugulară./ Miroase-a avort și a hoit nenăscut,/ a oră barbară".

Limbajul aspru, trivial din *Al meu suflet, Psyche* este atribuit îngerului acuzator: „A venit îngerul și mi-a zis:/ – Mai străvezie este sticla/ decât cel mai statornic gând opac al tău!/ În curând ai să mori și viermi/ îți vor forfoti în nări...". Este evidențiată condiția elegiacă a omului, neputința de a transcende „nodul" existențial, de-ai stabili un sens, o pricină: „– De ce, i-am strigat, de ce?/ - Fără pricină! Îmi zise îngerul…"

Același conținut elegiac, camuflat însă de o tonalitate incantatorie, ceremonioasă, din care se degajă seninătate „clasică", poate fi resimțit în poeziile *Dulce cupa mea de piele*, *În dulcele stil clasic*, *N-ai să vii*, *Atât de repede*. „Domnișoara" căreia îi sunt închinate nu are o identitate precisă, ar putea reprezenta inspirația, intuiția, inefabilul, „starea" ce refuză împietrirea în semn (de aici și condiția tragică). „Pasul" ei semnifică mișcarea, nefixarea, instabilul, coborând „dintr-un bolovan", „dintr-o frunză verde, pală", „dintr-o înserare-n seară", „dintr-o pasăre amară" (ideea de analogie este desființată prin alăturarea unor termeni contradictorii: pasul „domnișoarei", evocând ceva nobil, grațios, coboară „dintr-un bolovan", imagine a lipsei totale de grație). Invocația „pasului" sporește sugestia indeterminării: „Mai rămâi cu mersul tău/ parcă pe timpanul meu/ blestemat și semizeu" (*În dulcele stil clasic*), „Stai, nu fugi, o, tu ce fugi/ călcând pe viața mea subțire" (*Atât de repede*). Inefabilul trece dincolo de sens, de opoziția semantică, starea este „transcrisă" printr-o rostire „mozaicată": „Pe fundalul cel albastru/ din al ochiului meu vast/ meteor ai fost și astru/ și incest ai fost, prea cast" (*N-ai să vii*), „Vrei pielea mea să-ți fie iia/ care te-mbracă domnișoară?// Vrei tu să vreau să fii fiind/ un fel de trup, de arătare/ și să te-nvăț cum ești murind/ femeie-n pielea dumitale?" (*Atât de repede*), „Capie și scabie,/ teacă vă sunt sabie/ care atârnați de șoldul/ zeului ce doarme-n Nordul/ inimii și Precistii,/ maică-mii și maică-tii" (*Dulce cupa mea de piele*). Asocierile surprinzătoare de termeni, dislocările lexicale și semantice, percepute în general de critică drept pur spectacol (sau manierism), alcătuiesc mai degrabă un *discurs în proces*, consecinţă a vorbii „trăite", a înţelegerii cuvântului poetic ca formă în mişcare (este parodiat cuvântul ca semn lingvistic), poezie metalingvistică, însemnând eliberarea din constrângerile categoriilor gramaticale, transgresarea lor spre *literalitate*[93]. Funcţia curentă de comunicare nu mai este valabilă în cazul cuvântului poetic, care depăşeşte accepţia tradiţională de abatere de la normele limbii, întrucât se înscrie într-un act de întemeiere continuă, deconstruind ceea ce este dat şi reconstruind o lume în acord cu mişcările interioare; rezultă că toate cuvintele pot fi verbe[94] (verbul echivalând cu mişcarea, cu tensiunea spre sens; spre deosebire de substantive, verbele nu au memorie, ele „creează înspre viitor"), cum vedem din versurile: „N-ai să vii şi n-ai să morţi/ N-ai să şapte între sorţi/ N-ai să iarnă primăvară/ N-ai să doamnă, domnişoară". Cuvântul devine „fiziologie care de-construieşte şi re-construieşte gramatica"[95]. Ştefania Mincu defineşte *metalingvismul* stănescian drept transcendere a limbii spre fiziologie, spre stare, spre viziune, spre intuiţia pură[96]. Tot Ştefania Mincu evidenţiază „deraierile" care survin, ca atare, la nivelul limbii: virgula folosită uneori între subiect şi predicat

[93] Trecerea de la *retorism* la *literalitate* se impune tot mai evident începând cu poezia poeţilor optzecişti, mai ales la nouăzecişti (care optează definitiv pentru literalitate), până la poezia actuală. A se vedea, în acest sens, „Manifestul fracturismului" iniţiat în 1998 de Marius Ianuş şi Dumitru Crudu şi care propune „refuzul noţiunilor, conceptelor, denumirilor, etichetelor de tot soiul, pentru a ajunge din nou la complexitatea vie a realului şi a individualităţii"; poezia promovată de ei deplasează accentul de pe noţiuni şi obiecte pe reacţiile strict personale.

[94] Ştefania Mincu, *op. cit.*, p. 168.

[95] *Ibidem*, p. 169.

[96] *Ibidem*, p. 170-171.

(„Cel care stă, nu este") sau în „şi, şi", precum şi recurgerea la unele „locuţiuni prepoziţionale nefixate semantic" („de din") sau la timpuri verbale inexistente în gramatică („a fi fiind", „a fi nemaifiind", „erând", „fiire") trimit spre o sintaxă a vorbirii, nu a scrierii[97]. Alte „anomalii" ale expresiei[98] mereu în mişcare sunt: transferul unor silabe, litere de la un cuvânt la altul: „*d*eci în *d*ulce viit*orul*,/ foamea îşi lăţea *decorul*./ *Decorbul. Deorbul*./ Lupul singuratic foarte/ se înfometa de moarte", fragmentarea corpului sonor al cuvintelor: „Generalul mi-a spus că noi/ nu ne putem bucura cu victoria (...)/ pentru că ea nu ţine de domeniul/ comunicării/ de domeniul înţelesului/ NŢELESULUI.../ ŢELESULUI.../ ELESULUI.../ LESULUI.../ ESULUI...". Cuvântul nu mai este rostire integrală, încheiată.

Poezia ca „fiziologie" („Rostirea şi gândirea şi scrierea fac parte din trupul nostru", afirmă undeva poetul) produce actul „dezgrăirii", al contestării structurilor limbii, al reconstrucţiei neîntrerupte, reinstaurează *mythosul* (referindu-se la geneza „impură" a cuvântului considerat ca act, ce nu s-a închis într-o structură perfectă) în locul *logosului* (cuvântul dinainte dat, sacru). Aşadar, la Nichita Stănescu actul ludic nu e joc în sine, poetul însuşi spune: „Starea ludică a poeziei e starea ei impură"[99], referindu-se la „geneza poeziei gândită mitic"[100], ca preexistenţă,

---

97 *Ibidem*, p. 161.

98 „anomalii" analizate de Paula Diaconescu, în *Comunicarea prin „necuvinte"*, în *Nichita Stănescu interpretat de...*, Editura Eminescu, 1983, pp. 280-284.

99 Daniel Dimitriu, *Nichita Stănescu. Geneza poemului*, Editura Universităţii „Al. I. Cuza", Iaşi, 1997, p. 204.

100 Ion Pop, *Nichita Stănescu – spaţiul si măştile poeziei*, Editura Albatros, Bucureşti, 1980, p. 133.

sau tensiune a creației interpretată *ad litteram*, o formă în geneză care „se modifică-ntruna,/ râde și plânge în același timp" (asociată genezei este realitatea pulsatorie a poeziei). Metalingvismul, poezia devenită „fiziologie" nu au, prin urmare, nici un scop exterior acelui fond elegiac, fiind destinate doar transcrierii și accentuării dimensiunii ontologice.

Privirea din afară nu este cu putință, eul liric nu se poate raporta decât la sine, la lumea interioară, unde sensul subzită doar într-un spațiu al potențialității, ca „fenomen pre-poetic" ce se refuză înțelegerii: „Nu-i sens, doamne, nu-i înțelegere/ să-mi alerge pe zăpada auzului". Imposibilitatea instituirii unui sens, blocarea comunicării (poetul rămâne singur, mut, orb, surd) sunt sugerate și în versurile: „Singur și mut cu limba smulsă" (*Voci de mulți oameni*), „Uite-așa rămânem orbi/ surzi și ciungi de un cuvânt" (*N-ai să vii*); versurile „Soarbe-mă de poți să sorbi/ «S» e rece azi din sunt" sunt, de asemenea, sugestive: textul poetic îl „soarbe", sinele își pierde identitatea stabilă, totul se reduce la stare, inefabilă, impersonală (sunt anticipate aici unele aspecte din *Epica Magna*, care vor aduce o „schimbare la față" a liricii stănesciene, de pildă starea impersonală a poetului care nu mai deține controlul asupra cuvintelor, lăsându-se „vorbit" de limbajul devenit producție continuă, automată, fără sens). Starea impură a poeziei ca discurs în proces (sau *poiein*) se manifestă prin dezintegrarea limbajului, prin „destruparea" cuvântului, tocmai cu scopul de a-l elibera: „vreau un cuvânt, doar un cuvânt cu sens/ (...)// mâna s-o pun peste vocala lui/ cum pe spinarea iedului/ și să-i desfac în piet și-n brațe/ divinele încolăcite mațe.// Am să-l jupoi de înțeles" (*Voci de mulți oameni*).

Volumul *În dulcele stil clasic* realizează depăşirea modernismului, deschizând calea poziei postmoderne. În cazul lui Nichita Stănescu putem vorbi despre un postmodernism spontan[101], nu despre o prefigurare conştientă a curentului. Printre trăsăturile care anticipează postmodernismul (mergând mai ales pe linia integratoare iniţiată de Umberto Eco[102]), recunoaştem depăşirea perspectivei antinomice, integrarea principiului ontologic cu cel textual[103], reluarea parodică a modelelor tradiţionale, depăşirea metaforei şi apetenţa pentru metonimie, simţul relativităţii şi al „terţiului inclus", spiritul ludic, ironia, proteismul măştilor. Metalingvismul şi necuvintele, ca trăsături fundamentale ale liricii stănesciene, au un rol esenţial în anticiparea poeziei postmoderne, fiind modalităţi de destructurare şi restructurare a formelor pentru a sugera nonfigurativismul (ireprezentabilul, „starea") inefabilului[104].

---

101 Corin Braga, *Nichita Stănescu. Orizontul imaginar*, ediţia a II-a, Editura Dacia, Cluj-Napoca, 2002, p. 441.

102 după cum constată Corin Braga (în *op. cit.*, pp. 438-441), Nichita Stănescu nu anticipează postmodernismul definit, în linia lui J. Derrida, din perspectivă poststructuralistă (autoreferenţialitate, fragmentarism, textualism), ci direcţia lui Umberto Eco (definită prin pluralism, eclectism, toleranţă, noua antropologie).

103 După Marin Mincu, **textualismul** nu este opus **ontologicului**, dimpotrivă, îl implică, este dependent de acesta: "S-a schimbat atitudinea faţă de actul poetic: acesta nu mai comunică neapărat un sens transcendent (sau simbolic) sau, mai precis, nu mai urmăreşte un referent extern, ci se comunică pe sine, nu mai simbolizează realul pus sub regim metaforic, ci se interesează de operaţia textualizantă. Totul este însă răsfrânt în plan existenţial, astfel că trăirea nu dispare, ci, dimpotrivă, se înteţeşte" (citat din *Experimentalismul poetic românesc*, Editura Paralela 45, Piteşti, 2006, p. 93).

104 Corin Braga, *op. cit.*, p. 437.

III. Instituirea propriu-zisă a poeziei metalingvistice

1. De la cuvântul-act la cuvântul ca pură „fiziologie": deliricizarea sau transfigurarea poeziei în „epică a unui sentiment" în *Măreția frigului* și *Epica Magna*

Măreția frigului (1972) și *Epica Magna* (1978) continuă direcția deschisă de volumul *În dulcele stil clasic*, instituind propriu-zis poezia metalingvistică. Demersul deconstructivist se menține, cu parodierea unor modele și tipare lirice vechi, însă acum are loc și o „schimbare la față" a liricii stănesciene, vădindu-se în stilul din ce în ce mai impersonal, mai lipsit de sentiment, pe care poetul începe să îl adopte.

Percepția criticii la apariția volumului *Epica Magna* s-a limitat mai mult la aspectele exterioare (vorbindu-se despre manierism, exerciții ludice gratuite, reluarea unor teme vechi etc.). În recenzia sa[105], Nicolae Manolescu se arată decepționat de aspecte precum inegalitatea, „secarea imaginației", „maniera naivă", autopastișa, care, în opinia sa, fac din *Epica magna* un volum slab, lipsit de noutate. Criticul contestă și „abstracțiile versificate", „sfaturile testamentare nepoetice", greșelile gramaticale. *Autoportretul* și cele două haiku-uri sunt considerate

[105] Nicolae Manolescu, *Descrierea poeziei*, în *Nichita Stănescu interpretat de...*, Ed. Eminescu, 1983, pp. 116-120.

„șterse”, deși, în realitate, în ele este concentrată semnificația de profunzime a întregului volum.

O interpretare pertinentă au realizat mai târziu Ion Pop, Ștefania Mincu, Marin Mincu. Ion Pop evidențiază trecerea de la *mimesis* la *poiesis*, poezia devenind „discurs degajat de orice servitute exterioară sieși, rămas să se reprezinte singur, în *litera* lui”, discurs „niciodată sigur de sine, aleatoriu mereu”[106]. Ștefania Mincu[107] vorbește despre „inflația de semnificant” determinată de inconștient: în *Epica Magna*, subiectul nu mai este al conștiinței, ca în *Elegii*, ci ajunge „subiectul unei vorbiri în care nu mai poate interveni”; ca atare, „sensul se invertește (se învârtește la propriu)”, într-un proces de „mișcare nulă”, semnificantul trece în *nod*, își pierde referențialitatea. Marin Mincu[108] remarcă, de asemenea, limbajul „lăsat să se vorbească pe sine în afara regulilor gramaticale”, act textualizant ce-și impune legile proprii; poetul se lasă absorbit cu totul în materia verbală, fără a mai putea interveni activ, angajat într-o „textuare agonică (înțeleasă ca singura formă de existență), în care își exorcizează propria condiție”: „mi-e viața veșnică și rană/ și nu pot să mor” (trăirea agonică se integrează total în semnificant, drept urmare, scrierea devine „*hemografie*”, actul metaforizării este complet anulat).

Noutatea volumului, care nu a fost înțeleasă la apariția lui, se vădește, prin urmare, în faptul ca poezia se preschimbă în

---

[106] Ion Pop, *Nichita Stănescu – spațiul si măștile poeziei*, Editura Albatros, 1980, București, p. 207.

[107] Ștefania Mincu, *Nichita Stănescu între poesis și poiein*, Editura Eminescu, București, 1991, capitolul *Epica Magna sau procesul de-semnificării*, pp. 173-182.

[108] Marin Mincu, *Poeticitate românească postbelică*, Editura Pontica, Constanța, 2000, pp. 150-165.

epică[109], discursul se eliberează de constrângerile poeticității (devine *metapoetic*, se deliricizează[110]), pentru a se transforma în „epică a unui sentiment" (*Măreția frigului*, care anunță viitorul volum, se subintitulează „romanul unui sentiment"), epica vizând, după expresia poetului, „exaltarea întâmplării", mai precis, respingerea „legii" cu tot ce înseamnă aceasta (sens, repere, ierarhii), ieșirea din „generalitatea eternă" a ei și înscrierea definitivă în „nodurile" existențiale; „*nodul*" implică în semnificația sa ideea de întrerupere a continuității, starea pe loc, blocarea procesului (sau ideea de „a nu putea muri", frecvent întâlnită în poezii). „Nodul" e ceea ce nu s-a integrat în „sferă", partea „rămasă afară de nespus", ce nu mai încape în întreg, „liberă, neeconomică, oribilă"[111], sustrăgându-se oricărei ordini coercitive. **Epica** nu se referă la mari evenimente care să fie asimilate unei ordini superioare sau care să conducă spre un sens măreț; dimpotrivă, ieșirea din ordine, „*partea exacerbată*", ca exponentă a *erorii*, rănile de soldat, durerea lipsită de sens, cu originea în ontosul pur, în ceea ce „este pur și simplu", toate țin aici de epică. Ea se opune **elegiacului** predominant în volumele anterioare, când tensiunea spre sens, tradusă prin mișcările „pulsatorii" petrecute în conștiință, apărea ca o constantă. În noul volum, conștiința, precum și tensiunea spre viitor, inerentă conștiinței, cunosc un blocaj, ceea ce înainte se derula ca proces,

---

[109] „De data aceasta poezia nu mai exaltă, ci exaltă întâmplarea. *Ea își va schimba numele din poezie în epică*" [s.n.] (Nichita Stănescu, *Mitul ca exaltare a întâmplării*, în *Respirări*, Editura Sport – Turism, București, 1982, p. 80).

[110] prin deliricizarea actului liric este prefigurată o trăsătură esențială a poeticii postmoderne.

[111] Ștefania Mincu, *op. cit.*, p. 177.

rămâne acum suspendat „în aer"; poezia nu mai este proces, ci se instituie ca pură „fiziologie"; ea devine o „fenomenologie a absenței, a golului"[112]. Epicul, filonul „narativ" dezvoltat acum implică instaurarea definitivă a *metonimicului*[113] în spațiul poetic, rezidând într-un șir de imagini dispuse în contiguitate, care nu trimit spre un strat de adâncime, ci se constituie ca pură aparență (din nou, accentul cade asupra părții care *iese din întreg*, rămasă „în afară"), alcătuită dintr-o succesiune de semne fără echivalență în plan referențial, semnificant ce rămâne „înnodat" în sine și pe care îl putem asocia cu „starea de inerență", de „ne-ruptură"[114] (de „nemoarte"), starea de „sângerime", ca marcă literală totală. În alți termeni, epica rezultă din integrarea deplină a scripticului cu biologicului (semnul devine trup: „Înmormântându-mă,/ A,/ trup îmi rămâi, al gândirii"). Realul și textualul se întrepătrund. Aceste aspecte trasează o direcție nouă care va marca lirica stănesciană până la ultimul volum, *Opere impersonale*, anticipând trăsături ale noului curent care avea să apară curând: postmodernismul.

---

[112] Cristian Moraru, Postfață la *Nichita Stănescu. Poezii*, Editura Minerva, București, 1988, p. 367.

[113] Cristian Moraru vorbește despre distincția dintre metaforă și metonimie (în *op. cit.*, pp. 338-340): ***metafora,*** „trop al evaziunii, al detașării, al decontingenței", se bazează pe similaritate, pe substituție de elemente (în lanțul paradigmatic, la nivelul referentului); ***metonimia*** se bazează pe contiguitate, pe juxtapunere de elemente (în lanțul sintagmatic, la nivelul discursului), facând posibilă înscrierea directă în imediat, în contingentul „nud", „neprelucrat" (pe care îl vor valorifica la maximum poeții anilor '80).

[114] Ștefania Mincu, *op. cit.*, p. 223.

Printre aceste trăsături mai remarcăm „supremaţia absenţei”[115], a „pierderii”, ca ieşire definitivă din regimul lui „a avea” (care presupune alteritatea, ruptura de sine: „Ceea ce ai, nu eşti”). Conştiinţa, care altă dată depunea mărturie despre sine, adăugându-şi prezenţa la „fiinţa-în-sine” (lipsită de conştiinţă), îşi pierde acum forţa ordonatoare, trece în absenţă, nu mai deţine un rol activ, nu se mai poate angaja în desfăşurarea discursului pentru a-l coordona spre un posibil sens, ci doar asistă pasiv la propria anihilare: „Ochiul suspendat priveşte/ deznădăjduita zbatere” (*Despre starea de zbatere*), „Mi-a rămas un ochi în urmă/ care singur m-a văzut/ cum mă subţiam/(...)/ Nobil vis străbătând nimicul” (*Finiş*). Este suspendată acea tensiune spre sens, spre un cuvânt din viitor, experienţa ca proces, ca act de cunoaştere încetează prin căderea în contingent, unde actele libere nu mai sunt posibile, exponenţi ai regimului contingent fiind soldatul, ţara, câmpul (opus sferei), câinele: „Însă spun totul, astăzi, chiar totul,/ şira cea rece de câine,/ urâtele labe şi botul/ lui Azi lătrându-l pe Mâine” (*Prinţul căzând de pe cal*). Viitorul este anulat, timpul (trăit ca tensiune spre sens, într-o etapă anterioară) se scurge fără sens, ceea ce coincide cu starea pe loc, cu „suspensia” în prezent, plânsul care năştea cântecul s-a oprit: „Putrezeşte calul răsturnat în câmp,/ lacrima care n-o plâng,/ putrezeşte peste cer/ ziua cea de ieri...” (*Putrezirea calului*). Absenţa „locului” corespunde abolirii reperelor, ieşirii din lege, din ordine: „Nu m-am mai dus/ unde trebuia să mă duc,/ rămânând unde nu am unde sta” (*Venise vremea*).

[115] Cristian Moraru, *op. cit*, p. 371.

În *Anatomia, fiziologia și spiritul* este propusă negarea anamnezei, exaltarea întâmplării atrage după sine uitarea legii (memoria legii duce la aneantizarea individului), se identifică, așadar, cu trăirea pură (experiența nu trebuie înțeleasă: „Nu trebuie mai ales să înțelegem, –/ trebuie mai ales să fim", spune poetul în *Pean*): „ține-ți minte numai propriile tale întâmplări/ căci te-ai spulbera mai repede decât/ însuși gândul spulberării dacă ți-ai aduce aminte", „(...) cine urlă/ și cine se vaită,/(...)/ cine se jupoaie, se rupe, se smulge/ acela nu-și aduce aminte de nimic/(...)/ e ocolit de lege,/ este". Desființarea semnului devenit fetiș este posibilă doar prin instalarea *tăcerii*, ca unic mod de comunicare autentică, prin care este oprit procesul semiotic nul: „Între mine și tine/ numai cuvântul, acest organ fioros/ și comun amândurora,/ este.// Să-l rupem pentru liniște". Expresia este brută, „imperfectă", „căznită", cu poticneli și reluări, tocmai pentru că se desfășoară sub presiunea unei trăiri organice acute, care nu permite răgazul necesar elaborării: „Ba nu, se aud cum se deschid ferestre/ de parcă o pasăre moale/ ar zbura leneșă./ Ba nu, se deschid ferestre și o pasăre/ Ba nu, aripa păsării parcă deschide ferestre./(...)/ Aripile ei sunt ferestre./ Da." Pentru a se realiza integrarea totală a rostirii cu scripticul, se impune *deconstrucția* formelor gata constituite, „gramaticale", instituirea unui limbaj proteic capabil să transcrie trăirea în puritatea ei.

Discursul, ca transcriere imediată a ceea ce „este pur și simplu", este unul „reconciliator", impur, în care opozițiile semantice sunt desființate, în locul oricăror ierarhii sau contraste instituindu-se „*Da*"-ul integrator (care apare în *Scurtă vorbire*, căpătând însă şi valenţe tragice: „inflaţia de semnificant", cuvântul care nu mai poate fi oprit, ce se multiplică la nesfârşit, într-un proces fără ţintă, incontrolabil, devine echivalent cu *starea pe loc*, limbaj ce se produce în absenţa emitentului, a conştiinţei care să-l dirijeze; prin ideea de autonomie a limbajului este anticipată una dintre principalele trăsături ale liricii postmoderne). În acelaşi termen pot fi însumate valori opuse, astfel, semnul devine nod, se „inverteşte" în sine, într-o „mişcare nulă"[116], în care statutul referenţial îi este anulat. Opoziţia semantică bun/rău, viu/mort este depăşită, de pildă, în *Oedip soldat*, unde soldatul este în acelaşi timp erou şi trădător, ucigător al mamei şi „scump şi iubit al tatei", mort deja în războaie şi blestemat, totodată, să rămână neînmormântat ("Să nu mai mori")[117]. „Logica" discursului este cea a terţiului inclus, realizând coincidenţa contrariilor, ca în *Alt haiku*: „Întunecând întunericul/ iată/ porţile luminii" sau în *Dezămblânzirea*: „De mult negru mă albisem/ De mult soare mă-nnoptasem/ De mult viu mă mult murisem". În acest sens, Cristian Moraru vorbeşte despre „poetica reintegrării" – specifică ultimei etape a creaţiei stănesciene –, care anunţă lirica postmodernă.

Cantonarea în contingent („Aş vrea să pot să locuiesc/ în propriile mele cuvinte,/ dar îmi atârnă greoi prin uşile lor/ trupul spre regnul animal"), *starea pe loc* ca rămânere în afara oricărei ordini totalitare (fie a lumii transcendente, fie a lumii obiectuale) sunt ilustrate în multe poezii: „numai gândul că ceea ce este sus/ este aidoma cu ceea ce este jos,/ mă tulbură şi mă face să aflu/ că

---

116 Ştefania Mincu, *op. cit.*, p. 178.

117 Ştefania Mincu, *ibidem*.

orice azvârlire/ nu are direcție,/ că orice lepădare e statică" (*O confesiune*), „Ar fi fost un păcat și-o rușine să zbor/(...)/ Greul pământului/ care e dragostea lui pentru mine/ să-l schimb într-un gând, într-o înălțime" (*Starea pe loc*). Țipătul necontenit, durerea, izvorând din ontosul pur, acuitatea trăirii agonice, „brutala stare de a fi" sunt ceea ce îl împiedică să se integreze într-o anumită ordine, să moară: „Placentă sângeroasă,/ strigăt de mamă, urlet născător/ de durere ființândă, de/ ombilic neretezat!", „Placentă care-mi ține loc de aripă, –/ sângele care-mi ține loc de văz, –/ acest miros care-mi ține loc de muzică,/ *nedesăvârșitul cântec*" [s.n.] (*Creionul plin de sânge*). „Nedesăvârșitul cântec" este discursul imperfect ce mărturisește literal trăirea, starea de „nemoarte", neputința de a înainta, de a urma o direcție. După cum remarcă Cristian Morau[118], „creionul plin de sânge" „transcrie o <<*fiziologie* a sentimentului>>, nu eteratele <<viziuni ale sentimentelor>>". *Metalingvismul* stănescian se vădește în mod pregnant acum ca „transcendere a limbii spre fiziologie", cum îl definește Ștefania Mincu, expresie redând în mod frust dramatismul trăirii: explozia ultimă a sângelui, „pierderea minților", anihilarea conștiinței, întunericul care inundă „mințile": „Ca un răget luminos în creierul meu/ a explodat o celulă/ (...) Mințile mi s-au umplut de un miros (...)/ de funingine bolborosind/ roșcata înțepenire a pietrei" (*Amintiri de când eram piatră*). Piatra exclude orice manifestare a spiritului, fiind o expresie a staticului, a imobilului, are cea mai lentă viteză de

[118] Cristian Moraru, *op. cit.*, p. 372.

existență[119]. Văzul și auzul, ca simțuri abstracte, care distanțează, sunt înlocuite acum de miros, simț direct[120]; organul vederii, realizând cunoașterea cea mai completă, sintetică, este anulat („sângele care-mi ține loc de văz"), instalându-se cumplita stare de „a fi orb la miezul nopții/ și surd când liniștea-i desăvârșită" (*Hieroglifa*).

Literalitatea este cel mai clar evidențiată prin ceea ce poetul numește „*hemografie*", „scrierea cu tine însuți", ilustrată în *Autoportret*: „Eu nu sunt altceva decât/ o pată de sânge/ care vorbește." Pata nu reprezintă nimic, „vorbește" fără mediere, direct din *ontos*, este obiect al percepției pure, „semn literal"[121], pură aparență, „fără rest", fără suport, „nod" suspendat „în aer". Nu are nici o susținere în plan referențial. Viziunile apar, așadar, suspendate, plutind „în aer", înregistrate de luciditatea pasivă, care nu le mai poate înscrie într-un plan de adâncime. Viziunile stănesciene diferă de colajele suprarealiste cu sursa în vis, în inconștient (ele sunt „antropomorfe", după cum observă Nicolae Manolescu[122], au ca sursă dramatismul trăirii umane, în timp ce universul suprarealist realizează o „descentrare a umanului"), sunt „obiecte-semn", transcriere „fiziologică" a tensiunii ontice, a cărei intensitate obligă la o continuă (și tragică) stare de veghe, de „nemoarte" („Brutala stare de a fi/ fără de somn este").

---

119 Corin Braga, *Nichita Stănescu. Orizontul imaginar*, ediția a II-a, Editura Dacia, Cluj-Napoca, 2002, p. 385.

120 Marin Mincu, *op. cit.*, p. 155.

121 pentru o analiză mai detaliată v. Ștefania Mincu, *Ontosul semnului*, în *op. cit.*, pp. 203-211.

122 Nicolae Manolescu, *Literatura română postbelică. Poezia*, Editura Aula, Brașov, 2001, p. 143.

Dacă „A” îngloba o virtualitate de lumi în *Necuvintele*, ca spațiu în care se producea tensiunea semantică prelingvistică, în *Epica Magna* ea devine trup, „semn-obiect” (ca fuziune a semioticului cu realul): „vulturul ți l-am ucis/ schimbându-te în lucru./ Gândire devenită strigăt,/ înzdrăvenind un mormânt”, „*Înmormântându-mă,/ A,/ trup îmi rămâi, al gândirii*” [s.n.] (*Descrierea lui A*). Înscriindu-și agonia în semn, obiectivându-se în viziunea ca literalitate pură, poetul se transcende pe sine, depășindu-și propria condiție, doar astfel este recuperabil, prin „transmigrația” în trupul limbii. Cel care a inventat „hemografia”, scrierea care „încearcă să oprească în loc ceea ce nu poate fi oprit niciodată în loc”[123], supraviețuiește prin trecerea în cuvânt.

În *Contemplarea lumii din afara ei* sunt prezentate două perspective aparent aberante asupra lumii: una realizată prin „nervul terestru”, conform căreia „toți se mănâncă pe toți”, alta, prin „nervul divin”, care afirmă: „toți se nasc din toți”. Ambele sunt absurde, dogmatice, relevând lumea ca fiind un mecanism de producție automat. Doar cântecul se situează în afara lumii totalitare[124], întrucât el „face să nu mai fie/ ceea ce este/ și să apară în ființă/ ceea ce încă nu s-a născut”. Numai „lăuntrul”, subiectul, ca „parte care nu mai încape în întreg”, este capabil să contemple lumea „din afara” ordinii ei totalitare; el se plasează în afara semnului devenit fetiș.

O ideea asemănătoare este ilustrată în *Metamorfozele*: „Există o singură viață mare/ la care noi participăm;/ fiind tot timpul, unul – altul,/ și altcineva fiind mereu”. Și aici se vădește o viziune

[123] v. Nichita Stănescu, *Marea supraviețuire*, în *Respirări*, pp. 279-285.

[124] Ștefania Mincu, *op. cit.*, p. 177.

totalitară, care îl privează pe individ de libertate, de posibilitatea de a deveni el însuşi, acesta fiind forţat să se dizolve în multitudinea formelor exterioare, să se abandoneze unui „regn". Poetul singur are puterea de a desfiinţa toate regnurile, creând unul propriu: „Sunt pasăre cu patru aripi,/ cămilă fără cocoaşă,/ cer cu doi sori."

Doar partea care iese din totalitarismul semnului participă la „marea epică" a vieţii, integrându-se în regimul realului, nu în cel al adevărului (care presupune însumare, înglobarea ierarhică, „numărătoarea"); indivizii nu sunt numărabili, ei sunt „noduri" care întrerup raza continuă de lumină: „Noi ştim că unu ori unu fac unu,/ dar un inodog ori o pară/ nu ştim cât face" (*Altă matematică*). Tensiunea tragică a trăirii îl sustrage pe individ oricărei ierarhii, „explozia" din creier echivalând cu sfidarea ordinii pe care ar putea să o instituie conştiinţa abstractă: „O neputinţă de a spune doi,/ o neadunare cu nimeni,/(...)/ ca un răget luminos/ mi-a explodat în creier" (*Respirarea aerului de sub aripă*).

Obsesia perfecţiunii, a înglobării într-o ordine abstractă, este ironizată în *Ducerea*: „sfecla", imagine a derizoriului, „aspiră" „la 3 şi la 14" (3, 14 fiind raportul dintre circumferinţa şi raza cercului); se sugerează, în subtext, imposibilitatea schimbării statutului ontologic. Efectul grotesc este dat şi de automatismul răspunsurilor, de rigiditatea structurii sintactice. Desfăşurarea mecanică a discursului, asupra căruia poetul nu mai deţine controlul, duce la însăşi abolirea limbajului şi a oricărei posibilităţi de comunicare, se instituie ca producţie în gol, fără sens, ca absenţă; acest aspect devine predominant în *Opere imperfecte* (a se vedea, de pildă, poemul *Noapte bună*).

Discursul abrupt, aspru, „mozaicat" (ca expresie brută, imperfectă, a tensiunii ontologice) și, în cele din urmă, mecanizat, depersonalizat atinge astfel un stadiu al *depoetizării*, trăsătură fundamentală a ultimei etape a creației stănesciene, pregătind apariția liricii postmoderne.

2. *Noduri și semne*: trecerea de la inerența *stării de „nod"* la transcendența *semnului-stare* ca marcă literală absolută

În *Noduri și semne* (1982) are loc o intensificare a aspectelor configurate în primele volume ale etapei pe care o avem în vedere. Limbajul devine tot mai sfâșietor, pe măsură ce „brutala stare de a fi" se contopește cu starea „dezobișnuirii de trup", stare de despicare, de fragmentare a ființei, percepută ca experiență pur organică, brutal-fiziologică, a morții. Drept urmare, aspectul proteic, „imperfect", brut al discursului se evidențiază tot mai pregnant acum ca marcă literală a experienței traumatizante a morții, proces petrecut exclusiv la nivelul senzațiilor, al „stării de lăuntru". Cum am văzut și în *Epica magna*, accentul căzut pe *starea trăită* – înțeleasă drept presiune lăuntrică, pre-verbală – impune abolirea conștiinței reflexive, a emitenței ca factor activ, ca declic al tensiunii spre un posibil sens. Trăirea morții, „învățarea" ei, se manifestă ca aventură „înlăuntru", petrecută exclusiv în „anatomia și fiziologia" ființei (în inerența „nodului" existențial), și nu ca aventură a conștiinței. Starea este „intranzitivă", devine

„semnificanță în sine"[125], transcende metafora, are echivalență imediată în real; se vădește, în acest mod, caracterul vital, deconceptualizat, al trăirii morții.

Prin noul volum, poetul caută un „ton" cu totul nou față de cel al poeților anteriori, care să transcendă înseși limitele lirismului, vechile modele și canoane: „Altceva, altceva, altceva.../ Nu credeam să-nvăț a muri vreodată./ Nu, nu, nu e bine!/ E exclamarea lui Mihai Eminescu./(...)/ A fi sau a nu fi/ Asta-i întrebarea./ Bineînțeles că aceasta-i întrebarea!/(...)/ Cred că am găsit ceva, însă./ Tristețea mea aude nenăscuții câini/ pe nenăscuții oameni cum îi latră./ Nu, nu e bun./ E vechi, e vechi..." (*Căutarea tonului*). Acest tip de discurs (metapoetic), prin care poetul se detașează, ironic, de vechile tipare, precum și de modelele propriei opere, va apărea ca trăsătură specifică la poeții postmoderniști.

Dacă în etapa anterioară poezia echivala cu un proces sau act *in statu nascendi*, traducându-se în „tensiune semantică spre un cuvânt din viitor", în *Epica magna*, cum am mai remarcat, poezia trece propriu-zis în *epică* sau în „hemografie" ca transcriere „fiziologică", imediată a trăirii agonice (cu tot ce implică aceasta: țipătul de disperare, sfâșierea, explozia sângelui, durerea), pentru a deveni „recviem" în *Noduri și semne*, *evocând* cu detașare, fără durere, netragic, nud, fără sentiment traumele suferite de trup, spintecarea, dezintegrarea. Emitentul – ce-și trăia agonia în *Epica magna* – moare, este sacrificat în *Noduri și semne*, sacrificiul însemnând aici desființarea definitivă a semnului ca mediere și

[125] Ștefania Mincu, *Nichita Stănescu între poesis și poiein*, Editura Eminescu, București, 1991, p. 256.

impunerea semnului *literal*: centrul de greutate se mută din emițător *în receptor*; senzațiile cele mai puternice sunt convertite în semne, trec în viziune, presiunea fizică, violența trăirii organice răsfrângându-se, cu o forță covârșitoare, în conștiința perceptivă a receptorului. Doar prin violența propriei morți reușește subiectul să rupă semnul convențional, să desființeze schimbul simbolic și să instituie, propriu-zis, *literalitatea*, astfel că, prin moartea emitentului (care-și înscrie agonia în semn) nu este anulată ci, dimpotrivă, recuperată vitalitatea ființei, prin ieșirea definitivă din simbolic și înscrierea în *imaginarul pur*.

Trupul trece, astfel, în limbaj, scrierea devine sfâșiere, despicare, „dezobișnuire de viață". Perspectiva asupra morții apare total diferită față de cea a poeților anteriori, ceea ce solicită și un alt mod de înțelegere a poeziei. Aspectul misterios al morții și înțelesul simbolic sunt înlocuite de ipostaza nudă, literală, violentă, reliefată sugestiv prin ceea ce poetul numește „moarte cu omor". Ea presupune *sacrificiul*, precum și suprimarea oricărei comunicări sau medieri: „Ca să mă dezobișnuiesc să trăiesc/ mi-a trebuit doar o *moarte cu omor*" [s.n.] (*Tonul*). Prin „învățarea morții" poetul înțelege tocmai o modalitate de a recupera ființa vie, de a cuprinde în semn nu un singur sens ci maximum de semnificație (este vizat un semn din care să vorbească direct *ontosul*, realitatea originară), cu alte cuvinte, de a crea sens prin propriile răni, prin sângele care curge. În acest scop se impune reprimarea tendinței reflexive, metafizice, care are drept efect mai degrabă îmbolnăvirea trupului, nu recâștigarea vitalității acestuia (posibilă doar prin „hemografie"). Universul poetic din *Noduri și semne* este populat de animale obligate să se adapteze mediului glacial: lupul, ursul polar, vulpea argintie. Acestea sunt îmbolnăvite de aspirația metafizică[126], motiv pentru care poetul caută să se „dezobișnuiască" de ele: „De lupi mă dezobișnuiesc cel mai greu/ sunt singuri și pe zăpadă./ Desigur, va trebui să mă dezobișnuiesc de singurătate./ Desigur, va trebui să mă dezobișnuiesc de zăpadă" (*Tonul*). Ele au un statut hibrid[127]: deși bântuite de „pofta de a ști", sunt destinate agitației agonice (gem, urlă). Aceste entități sunt de fapt proiecții ale stărilor poetului, iar dialogul dintre ele se petrece, de asemenea, „înlăuntru", în „stare" („De ce gemi, de ce urli, de ce mârâi/ lupule..." – *Nod 1*); subiectul enunțării nu se poate distinge, emitentul nu mai este un factor activ, ci doar obiect al „stării"[128] (după cum am mai observat, trecerea de la *proces* la *stare* implică estomparea emitenței și instituirea literală a sensului ontologic, ce trece dincolo de subiect, determinându-se numai în receptor).

Literalitatea, statutul ne-simbolic al cuvântului, se pot asocia cu muzica, manifestare inerentă eului, semn ce trece în „semnificanță totală", fără referent extern, vizând trăirea, nu reprezentarea, exprimarea unor stări pre-verbale, nenoționale. Ștefania Mincu a remarcat *„compoziția metonimică"*[129], structura simfonică a „recviemului" stănescian, prin care este redată „starea" alcătuită din „mișcări lăuntrice" (plutire, cădere, extaz, ruptură, durere, dorință, întrebare – stări trăite în timpul

[126] Corin Braga, *Nichita Stănescu. Orizontul imaginar*, ediția a II-a, Editura Dacia, Cluj-Napoca, 2002, p. 163.

[127] Corin Braga, *ibidem*.

[128] Ștefania Mincu, *op. cit.*, p. 267.

[129] v. *Ontos-ul nodului. Metonimizare muzicală în* ***Noduri și semne*** *sau despre seducerea limitei*, în Ștefania Mincu, *op. cit.*, pp. 212-229.

traversării *„tunelului oranj”*, traiect în care nu există direcționare, repere, elemente stabile care să determine vreo ordine, în care orice opoziție sau divizare este desființată: „Nu există sus și nu există jos/ nu există înapoi și nu există înainte/ deși merg de parcă aș sta locului/ și stau locului de parcă aș merge” – *Nod 7*; se instituie, în acest spațiu, starea de „a fi nemaifiind”, neconceptuală, având echivalent doar în percepție).

„Mișcările lăuntrice” devin „obiecte-semne”, iar succesiunea de fragmentări, căderi, traume, momente de extaz, reveniri face parte din „stare”, din actul trăirii, eliberat de constrângerile medierii sau ale înlănțuirilor logice, intrând, așadar, într-o *construcție muzicală*, metonimică[130]. Prin actul dezmembrării trupului, a întregului, se realizează „ruperea” semnului convențional și alcătuirea unui semn „total” cuprinzând sensul ființei, un sens reîntregit, integral – este, astfel, depășită ruptura, divizarea.

„Sentimentul de lăuntru” presupune empatia, înțelegerea perceptivă, coincide cu starea muzicală, permițând accesul direct la *ontos*, starea de inerență echivalând cu greutatea absolută, cu densitatea ontologică („Dacă aș avea o cât de câtă greutate/ aș putea să zbor”, spune poetul, ceea ce inseamnă că „a avea greutate” face posibil zborul, pe când „a fi greutate” îl exclude, greul ireductibil al ființei anulând putința de *a poseda*, precum și schimbul simbolic). Lăuntricul pur determină ceea ce Ștefania Mincu numește „literalitatea orfică”: „Tu nu-nțelegi că

[130] După cum observă Ștefania Mincu (*ibidem*, p. 217), „*compunerea*, compoziția <<recviemului>> rezultă din *alăturarea de fragmentări*, de traume, dezmembrări ale ființei într-un limbaj care exprimă stări pre-verbale, în fond neverbale și ne-noționale.”

sentimentul unei pietre/ o smulge și o zboară și-o atârnă/ și-o plutește?//(...) Că sentimentul de lăuntru/ îl ținem greu, răzbătător prin pietre" (*Semn 3*). Ca atare, în cazul expresiei literale, nu mai există un referent extern, ci este vizat, în mod nemijlocit, un referent intern, ca loc de întâlnire a două lumi lăuntrice: a emitentului și a receptorului, trecând dincolo de text și de realitatea exterioară.

Moartea ca trecere prin „tunelul oranj" (nu ca „marea trecere" văzută de Blaga prin prisma conștiinței reflexive) induce trăiri pulsionale, prediscursive, care nu sunt, propriu-zis, sentimente (lipsesc mărcile de liricizare a sentimentului[131]) sau idei, ci senzații, stări absolut nereflexive: „când m-am trezit eram chiar pe câmp,/ căzut de pe cal,/ m-am bucurat de gângănii..." (*Prin tunelul oranj (I)*), „Mi-e viața veșnică și rană/ și nu pot să mor!/(...) și-mi este foarte frig când foarte ninge/ și nu pot să mor!" (*Nod 17*). Recunoaștem „starea de nemoarte", de oprire a procesului, din *Epica magna*, stare a „nodului" existențial ca parte neintegrabilă în „lege", în Tot. Poezia apare ca evocare a unei „epici" ce se petrece „înlăuntru". În *Noduri și semne*, poetul nu plânge propriu-zis moartea, ci o evocă[132], în mod neparticipativ, netragic (dimensiunea tragică implică participarea conștiinței, alertarea ei), realizând o vizionare detașată a senzațiilor ce devin „forme discursive", obiecte-semne: „Cum știm cu toții, căzusem de pe cal/ – și nemișcat stăteam în iarbă șiroind de sânge" (*Nod 12*), „Marea era lucioasă și calmă/(...)/ Cuțitul se scufundase/(...)/ în dreapta mea/ marea se înroșise de sângele

[131] Ștefania Mincu, *op. cit.*, p. 257.
[132] *Ibidem*, p. 256.

meu,/ în stânga mea,/ marea se înroşise de sângele meu" (*Nod 30*). Despicarea fiinţei este trăită vizual, detaşat, se produce, prin urmare, o *impersonalizare a actului morţii*, accentul trecând de pe subiect pe *ontosul pur* redat tocmai prin forţa copleşitoare a viziunilor. Doar prin înscrierea în semnul literal, emitentul este recuperat ca fiinţă, poate accede astfel la universalitate.

„Nodul" individualităţii subiectului, echivalând cu starea muzicală, de imanenţă a sensului, de inerenţă a lui „a fi", se va fixa complet în „transcendenţa" semnului (cum vom vedea în *Nod 11*: „mă înzeiam, mă înzeiam/ nu mai muream (...)/ Stam rege fix, de piatră şi de stea"). Moartea nu mai implică transcenderea spre ceva, substituţia sau transferul, ea este trăită ca agonie „fără exitus"[133] (ce coincide cu stare de „nemoarte"), rezultând într-o multiplicare la infinit a trupului pe care „călăii" metafizici îl torturează fără a-l putea răpune (este ilustrată neputinţa nodului existenţial de a se înscrie în cerc, într-o ordine metafizică): „Nu curge din el/ ceea ce vrei să curgă din el!/(...)/ Nu moare din el/ ceea ce vrei să moară din el,/ împărate!/(...)/ Roata îi rupe carnea/ şi carnea nu i se mai sfârşeşte!" (*Nod 2*). Aceeaşi idee a morţii care pare a reproduce la nesfârşit trupul se reflectă şi în *Nod 3*: „Ochii mei nu mai plângeau cu lacrimi/ ci cu ochi".

Ieşirea din metafizică a cuvântului, instaurarea discursului ca transcriere nemjlocită a stării de „sângerime" (total intranzitive, nemetaforice) impun încetarea zborului, orbirea, căderea de pe cal; vederea s-a învăluit în sânge, agonia, durerea, ca „semnificanţă în sine", netranscendentă, iau în stăpânire fiinţa: „Cum ştim cu

133 Ştefania Mincu, *op. cit.*, p. 268.

toţii, căzusem de pe cal/ – şi nemişcat stăteam în iarbă şiroind de sânge/ când nimfa pură ce nu ştie-a plânge/ trecu pe lângă mine/ – Ce-i ochiul ăla roşu ce l-ai deschis pe piept?/(...)/ Pleacă/ târfă de zei, i-am strigat,/ e/ o simplă rană de soldat!" (*Nod 12*). Literalitatea vizează imperfecţiunea discursului, astfel că lucrurile suave sunt spuse într-un ton vulgar, de insultă; se produce actul „deliricizant", care sparge limitele poeticităţii, ale convenţiei.

Deliricizarea discursului se impune întrucât sângele (ca marcă supremă a literalităţii) nu poate cânta, el doar „murdăreşte", provocând impurităţi ale legii[134], şi doar prin *hemografie* poetul poate crea o limbă care să-i păstreze trupul: „harfă e numai şi numai orizontul,/(...)/ nu sângele meu,/ cel care numai şi numai şi numai/ pătează curgând" (*Nod 20*).

O entitate care apare tot ca proiecţie a stărilor poetului este *daimonul*, personificare a gravitaţiei cărnii, exponent al regimului teluric[135]. El zădărniceşte încercarea de a fugi din trup, inducând trăirea sub semnul „crizei de timp", al nerăbdării, al grabei: „el a-ntins mâna după mine,/ m-a vârât prin holbata pupilă/.../ m-a dat de piatra genunchiului cu durere/ şi m-a azvârlit în glezne./ – Să alergăm acum, căci a venit timpul, mi-a zis/(...)/ avem de spus ceva, cuiva, cu grăbire" (*Semn 18*). Agresiv faţă de organele metafizice („îmi spulberă ochii"), el face să „pâlpâie inima ca pe o flacără". Daimonul se exprimă prin urlet, care, spre deosebire de ţipătul naşterii, nu mai are semnificaţia tensiunii ascensionale, ci

---

[134] Corin Braga, *op. cit.*, p. 355.

[135] O analiză mai detaliată a daimonului realizează Corin Braga în *op. cit.*, pp. 361-364.

numai pe cea a durerii, ca expresie brută a condiției agonice. El ilustrează revolta împotriva „legii”, ieșirea din ordine, eroarea.

La celălalt pol se situează vulturul, ca forță transcendentă ce-și manifestă agresiunea față de natura telurică a omului: „Își încurcase între coastele mele aripa/ un vultur care credea că el cântă./ Mi-a dat sângele pe gură,/ iar ochiul/ mi-era o băltoacă" (*Nod 20*).

În *Nod 11* asistăm la trecerea completă în semn a emitentului, ceea ce coincide tocmai cu recuperarea acestuia, cu însăși învingerea definitivă a morții; prin înscrierea în semn a strigătului durerii supreme, moartea capătă un înțeles identic cu cel al nașterii: „Pe jumătate doar din ea,/ copilul îl născuse”. Moartea este biruită prin oprirea ei în strigăt (nu prin metafore)[136], iar literalitatea ei, având ca sursă violența trăirii, recupereaza ceea ce este mai vital în om, fixând în „transcendența” semnului un sens ontologic integral: „O, eli eli lama sabahtami,/ o, eli, eli!/(...)/ iar caii se evaporau ușor,/ deasupra nu era vreun nor,/ mă înzeiam, mă înzeiam,/ nu mai muream, nu mai muream,/(...)// Stam rege fix, de piatră și de stea/ ținând oprit cuvântu-n gura mea,/ necântător.” „Cuvântul necântător” este tocmai cuvântul literal, care a trecut dincolo de limitele poeticității și de metaforic.

La Nichita Stănescu, starea extatică se obține nu ca atingere a repaosului romantic, ea derivă dintr-o integrare deplină a vitalității supreme (redată printr-o trăire organică, sau o durere acut senzorială, care nu poate fi „tradusă” prin semnificații noționale, nu are interpretabilitate) cu scripticul, strigătul ultim

[136] Ștefania Mincu, *op. cit.*, pp. 221-222.

fiind oprit în „starea de infinit”[137] a cuvântului scris (care este, de fapt, la Nichita Stănescu, *necuvânt*: cuvântul ca atare fragmentează strigătul în sunete succesive[138], pe când necuvântul îi redă întreaga vitalitate). Prin ultimele sale volume, poetul realizează trecerea de la poezia văzută ca *facere*, sau proces, la poezia văzută *în alții*[139] (devenită *stare*, realitate propriu-zis *metalingvistică*), de la vorbirea „trăită”, care păstrează prezența vie a emitentului, la scrierea „convertită” în trup, la semnul-obiect, care conservă vitalitatea ființei. Astfel, subiectul intră în universalitate, se instituie *poezia impersonală*, având un grad cu atât mai înalt de autenticitate cu cât sensul ei ontologic se răsfrânge mai întreg în receptori. Cum spune Nichita Stănescu, „poetul stârnește poezia intimă a fiecăruia”, rostul său artistic fiind acela de a „descoperi poezia din oameni”; poetul „este cu atât mai măreț cu cât cei care-l citesc nu pe el îl descoperă, ci pe ei înșiși”[140].

137 Nichita Stănescu, *Respirări*, Editura Sport – Turism, București, 1982, p. 170.

138 Daniel Dimitriu, *Nichita Stănescu. Geneza poemului*, Editura Universității „Al. I. Cuza”, Iași, 1997, p. 171.

139 Daniel Dimitriu, *op. cit.*, p. 157.

140 *Album memorial „Nichita Stănescu”*, editat de revista „Viața românească”, București, 1984, p. 7.

3. *Opere imperfecte* şi *Opere impersonale:* noua estetică a poeziei ca „organ de simţ al viitorului": dincolo de text şi creator

Opere imperfecte (1979) şi *Opere impersonale* (ciclu cuprinzând poezii apărute în periodicele ultimilor ani) sunt reprezentative pentru noua viziune asupra poeziei pe care o instituie opera stănesciană: pe de o parte, poezia ca *expresie imperfectă*, neîncheiată, corespunzând unei forme în continuă devenire şi, ca urmare, avându-şi sursa nu într-un sens dat de la început, ci într-un sens inefabil (intuiţie, stare, muzicalitate, senzaţie, trăiri ce pornesc din *ontos*-ul pur), formă ce exclude medierea simbolică, substituţia prin metaforă; pe de altă parte, poezia ca *expresie impersonală*, care trece dincolo de eul biografic al creatorului, prin sensul existenţial integral ce-l conţine în sine şi a cărui activare se produce *în viitor* ca răsfrângere în conştiinţa receptorilor (capacitatea cuvintelor de a trezi poezia în ceilalţi se măsoară prin gradul de vitalitate pe care îl deţin). Ca atare, limbajul artistic capătă o semnificaţie metalingvistică supremă[141], îşi instituie autonomia faţă de scris şi faţă de creator.

În *Opere imperfecte* (1979) este demascată inautenticitatea formelor estetice tradiţionale. În concepţia poetului, frumuseţea nu respectă vreo lege a esteticului, este nemotivată, a-cauzală, ne-metaforică, nu apare ca imitare a unui model al perfecţiunii. Închiderea într-o structură e ceea ce o falsifică (a se vedea poemul *Puşca*). Măsura autenticităţii frumosului este dată tocmai de

---

[141] v. Mihai Cimpoi, eseul *Luminile şi umbrele limbajului*, în "Revista Sud-Est", 2002/1/47, http://www.sud-est.md/numere/20020326/article_2/.

posibilitatea de a sparge formele închise, de a reda, printr-o expresie ne-simbolică, literală, impresia spontaneității depline, senzația unei prezențe vii având ca izvor „întâmplarea de a fi".

Poemele *Lecția despre cub* și *Lecția despre cerc* contestă, în subtext, tendința artistului de a căuta perfecțiunea formei, inautenticitatea frumosulului împietrit într-o structură abstractă. Optând pentru expresia imperfectă, poetul deconstruiește formele tradiționale, instituie literalitatea ca transcendere a textului spre existență, desprinzându-se din limitele poeticității, ale convenției, pledând pentru deconceptualizarea frumosului (altfel spus, pentru frumosul întemeiat în ontologic, care nu poate fi epuizat, substituit, întrucât își are izvorul într-un spațiu al indicibilului). Sunt ironizate gustul infantil pentru structurile perfecte, atenția dată formei exterioare și lipsa simțului pentru esența inefabilă (indispensabil în perceperea autentică a frumosului), lipsa trăirilor reale: „După aceea se ia un ciocan/ și brusc se fărâmă un colț de-al cubului./ Toți, dar absolut toți zice-vor:/ – Ce cub perfect ar fi fost acesta/ de n-ar fi avut un colț sfărâmat!"

În *Cele patru coerențe fundamentale* sunt respinse „coerențele" ce constrâng natura vie, liberă a omului, pulsiunile existenței; vederea, ca simț abstract, îndepărtează omul de propriile trăiri: „Ce deșertăciune și ce inutilitate vederea./ Ea contemplă numai ceea ce este condamnat la moarte". Este negat cuvântul ca Logos (cuvântul *dat*, gata constituit, sacru, care a fost vidat de conținut, care și-a pierdut, așadar, forța „întrupării", fiind perceput drept absență sau abstracție): „Cuvântul ne-ar salva, poate, dar,/ el e dumnezeu, și/ de la începuturi nu se mai întruchipează/ în făpturile cele vii". Cum am văzut în *Elegii*, poetul caută să reconvertească, printr-un tensionat proces creator, cuvântul, din semn abstract, în „material fundamental uman" (astfel, cuvântul se va transpune în universul poetic ca *prezență* vie, directă). Tot în *Elegii* el avertiza împotriva pericolului reprezentat de tendința de a da cuvântului un sens transcendental, de a-l fetișiza (de a înlocui „făptura cea vie" cu un semn). Prin urmare, demersul său artistic va fi unul al „depoetizării", echivalând cu instituirea *literalității* ca „insultă a gramaticii", a canoanelor, optând pentru imperfecțiune, pentru expresia spontană, neelaborată, prozaică.

„Coerența" unului, precum și cea a multiplului îi apar poetului drept absurde, impuse, fiind percepute ca pe un *dat* constrângător, ce condamnă omul: „A te naște este o condamnare la moarte", „A nu fi, chiar și această absență,/ poate fi pedepsită la viață/ și ca atare, condamnată la moarte". „Căderea între oglinzi" a lui Sisif semnifică dedublarea, multiplicarea într-o multitudine de alter-egouri, pierderea identității, înstrăinarea de sine. „Coerența" trupului apare, de asemenea, ca o „alcătuire rea". Doar cuvintele pot crea o nouă „coerență", diferită de cea metafizică și de cea contingentă[142] (care sunt absurde în sine): „Firești și simple,/ cuvintele rostite de noi/ naște-vor în alte coerențe/ mai bune trupuri vorbitoare/ în alcătuirea lor." Cuvintele devenite „trupuri vorbitoare" sunt cele care transcriu nemijlocit pulsiunile ființei.

Poemul *Mâna împăratului* prezintă o perspectivă a „descentrării", în care partea capătă supremație, învingând

---

142 Corin Braga, *Nichita Stănescu. Orizontul imaginar*, ediția a II-a, Editura Dacia, Cluj-Napoca, 2002, p. 405.

întregul: „statuile zeilor sunt plesnite și sparte", „oastea noastră este înfrântă de Parți", „Nici schelete nu mai suntem (...)/potcoave la copitele cailor suntem/ Atâta suntem". Nici această perspectivă nu este una admisibilă: subiectul a ajuns un simplu accesoriu[143], nu mai deține un rol activ; divizarea în părți coincide cu pierderea individualității, a sinelui autentic, eul trece în absență (este anulată orice tensiune spre sens).

În *Pușca* este ironizată atenția excesivă dedicată exteriorității lucrului, detaliilor, părților care îl compun; asistăm la mecanica unei descrieri analitice a structurii, prin care este ratată orice încercare de a surprinde esența inefabilă a lucrului. Rigiditatea expresiei, a structurii sintactice (pe care emitentul nu o poate suprima, întrucât nu mai deține controlul asupra discursului) produce un efect grotesc.

Sunt denunțate, în subtext, efectele derizorii ale unei arte care nu-și are sursa în trăirile autentice, ale unei expresii incapabile de a reda vitalitatea ființei. Aceste efecte sunt tocmai o urmare a instituirii unei perfecțiuni rigide, absurde, ce anihilează actul vital, ființa, cum se întâmplă în *Tocirea*: „mărșăluirea" soldatului coincide cu un act mecanic, soldatul se conformează orb unei legi exterioare eului său esențial, se lasă pasiv în voia unei forțe absurde, fără a-și putea împiedica propria „tocire": „Soldatul mărșăluia, mărșăluia,/ mărșăluia/ până când/ până la genunchi/ piciorul/ i se tocea, i se tocea/(...) până când/ părul lui iarbă neagră era/(...)/ Un cal alb venea/ și o păștea". În *Noapte bună* este suprimată orice posibilitate a comunicării, pentru ca, în final,

---

143 Ștefania Mincu, *Nichita Stănescu între poesis și poiein*, Editura Eminescu, București, 1991, p.190.

ființa să treacă total în absență, să fie redusă la tăcerea deplină prin deposedarea ei de toate sursele vitale (omul rămâne fără brațe, iepurele fără alergare, iarba fără rădăcini, rădăcinile fără pământ[144]). Se remarcă vorbirea scenică, poezia conformându-se unei estetici nu a scrierii, ci a vorbirii[145], care respinge interpretarea univocă, permițând mai multe posibilități de decodare, întrucât instanțele nu sunt precis marcate: „– De ce ți-au furat iepurele din brațe?/ – Pentru că pe iepure l-au furat de alergare./ – Care alergare? Care alergare?/ – Aia de pe iarba verde care a rămas fără rădăcini./ – Care rădăcini?/ – Alea care au rămas fără pământ." În final, ființa este deposedată de însuși organul vorbirii: limbajul se dispensează de limba vorbitorului, subiectul nu mai poate interveni în mecanica discursului, cuvintele nu-i mai reflectă pulsiunile interioare: „În rest vă sfătuiesc și vă îndrum/ să nu care cumva să folosiți altfel limba/ decât pentru tăcere./ Altfel, copii,/ limba smulsă nu vorbește,/ ci sângerează./ Noapte bună!" Poetul cu „limba smulsă" trăiește impasul comunicării prin cuvânt, singura modalitate de expresie rămânând una imperfectă, literală, i-mediată („limba smulsă nu vorbește,/ ci sângerează"). Și în acest caz vorbim despre *metalingvismul* stănescian ca transcendere de cuvânt.

Evocare[146] ilustrează ideea că frumusețea nu poate fi comparată cu nimic, nu poate fi exprimată, nici prinsă într-un

---

[144] Ion Pop, *Nichita Stănescu – spațiul si măștile poeziei*, Editura Albatros, București, 1980, p 218.

[145] Ștefania Mincu, *op. cit.*, pp. 192-193.

[146] pentru o analiză mai amănunțită a poemului v. Nichita Stănescu, *Poezii*, antol., tab. cron., pref. și coment. de Ștefania Mincu, Editura Albatros, București, 1987, pp. 170-174.

model fix, trece dincolo de structuri, de forme; „evocarea" caută sa surprindă ființa în puritatea ei inconștientă, esența inefabilă a frumuseții, intraductibilă în semn. „Întâmplarea de a fi" nu suferă actul metaforizării, al analogiei, al reprezentării prin altceva. Versul „Ea era frumoasă ca umbra unei idei" nu este propriu-zis o comparație, ci un „*necuvânt*" cuprinzând în sine un sens total, care nu poate fi înțeles, exprimat, ci doar simțit, intuit. Poetul creează corespondențe de natură senzorială prin care făptura să-și facă simțită prezența vie, aspirând să redea, astfel, o „întrupare a ideii", nu o imitație a ei[147]: „a piele de copil mirosea spinarea ei,/ a piatră proaspăt spartă/ a strigăt dintr-o limbă moartă.// Ea nu avea greutate, ca respirarea./ Râzândă și plângândă cu lacrimi mari/ era sărată ca sarea/ slăvită la ospețe de barbari." Ființa este evocată prin „metafore ale indicibilului" (Ștefania Mincu), iar respirarea, mirosul, râsul, plânsul „cu lacrimi mari" denotă o prezență foarte vie. Deși inexprimabilă, frumusețea redată prin artă trebuie să se rasfrângă în conștiința noastră cu o forță extrem de vie, ca o prezență concretă (ea nu este o abstracțiune), sugestivă fiind asocierea ei cu „pământul": „Printre ape, numai ea era pământ". Poemul stârnește impresia unei spontaneități totale datorită imperfecțiunii expresiei. Este depășită estetica frumosului tradițional, precum și distincția *frumos/urât*. Cum am văzut și în capitolele anterioare, Nichita Stănescu instituie un nou tip de înțelegere a poeziei, bazat pe *literalitatea expresiei*.

Precum în volumul *În dulcele stil clasic*, remarcăm și în *Opere imperfecte* actul „dezgrăirii" ca negare a „gramaticii" și a limbajului comun, indicând și o „dezobișnuire" de modele, deconstrucția

[147] *Ibidem*, p. 173.

parodică, ironia și autoironia, dincolo de acestea resimțindu-se însă un substrat grav.

În *Opere impersonale* este evidențiată viziunea asupra poeziei ca „organ de simț al viitorului": tocmai latura profund ontologică îi asigură deschiderea spre viitor, cu alte cuvinte, calitatea ei de „organ semnificant"[148], de semn ce cuprinde în sine un absolut de semnificație, un sens literal (nu arbitrar), din care vorbește direct *ontosul* pur. Volumul continuă, așadar, demersul poetic început în *Noduri și semne*, care instituie în literatura noastră un nou mod de percepere a poeziei.

Sunt reprezentative în acest sens versurile din *Doină*: „Cine ar putea să cânte atâta de melodios/ decât sfârtecatul până la os,/(...)/ cui ar mai putea să-i fie dor/ decât celui mort printr-un omor", „sfârtecarea", „moartea cu omor" marcând *sacrificiul* subiectului; poetul își transcende limitele condiției individuale, creând, prin propriile răni (înscrise în semnul poetic), un sens ontologic universal[149]. Vitalitatea ființei este recuperată prin ieșirea definitivă din simbolic și instaurarea literalității în poezie.

Alte versuri-cheie sunt: „Ieri gura mea sângera/ Azi sângerează cuvintele mele!" (*Autobiografie la Belgrad*); centrul de greutate se mută din emițător în receptor, dinspre vorbirea

---

148 Ștefania Mincu, *Nichita Stănescu între poesis și poiein*, p. 256.

149 Prin artă, subiectul se obiectivează, el devine, din subiect vorbitor sau creator de limbaj, „un subiect universal, un subiect care și-a asumat responsabilitatea tuturor subiectelor" (Eugen Coșeriu, *Prelegeri și conferințe*, Iași, 1994, p. 24, *apud* Mihai Cimpoi, *Luminile și umbrele limbajului*, în "Revista Sud-Est", 2002/1/47, http://www.sud-est.md/numere/20020326/article_2/). În poezie, limbajul nu este al unui subiect, ci „limbaj absolut, dezlegat de celelalte subiecte", având o semnificație metalingvistică supremă.

„trăită" (care păstrează emitența) spre semnul care transcrie direct *ontosul*; cuvintele care „sângerează" înglobează în ele un tot de semnificație, care se determină numai în receptor.

„Sentimentul de lăuntru", echivalând cu starea de inerență, stă la originea expresiei literale, solicitând înțelegerea pur perceptivă în locul celei reflexive, idee sugerată prin imaginea vulturului care „zboară pe spate cu ghearele-n sus" (*Autoportret*). Ideea de sacrificiu prin înscrierea în semn, de „umplere" cu ontos a expresiei (care capătă astfel un referent pur intern) apare și în versurile: „întocmai ca un delfin azvârlit pe țărmuri/ cum lăuntrul din daltă în mărmuri, –/ Astfel stau și nu merg..." „Starea pe loc" coincide cu fixarea în cuvânt.

Dialog cu Odă în metru antic exprimă aspirația poetului de a transcende, prin trecerea în „trupul" limbii, caracterul întâmplător și absurd al existenței: „Ah, ce întâmplare și viața noastră!/ Ce întâmplare verdele de pe iarbă./ Ce accident de suflet calul alb pe colină", „Supuși cuvântului, de verb mă rog,/ du-mă odată din groaza vieții,/ du-mă, du-mă,/ și nu mă mai pedepsi/ și mie nu mă mai redă-mă!". Artistul nu-și mai dorește întoarcerea în sine, ci transcenderea eului biografic, atingerea unui nivel de universalitate prin cuvânt, dincolo de actele particulare, care sunt ireversibile (ireversibil este ceva ce *s-a încheiat*, a devenit *trecut*, s-a închis în particular). Prin trecerea în semn a pulsiunilor interioare, actul vital este recuperat, devine reversibil[150], întrucât cititorul îl „reînvie" cu fiecare lectură („rana", devenită semn literal, situează

[150] „Ireversibile sunt numai acele fenomene nefixate într-un semn. Or vorbirea, dacă este fixată prin semne, e reversibilă, pentru că oricând o putem relua", spune poetul în *Despre limbajul artistic*, *Respirări*, Editura Sport – Turism, București, 1982, p 161.

cuvântul în universalitate, infuzându-l cu sevele *ființei*). Poezia impersonală este „limbajul absolut” care se deschide *spre viitor* și spre cititor. Prin depășirea particularului[151], cuvântul (poezia) devine „semnificanță totală” (Ștefania Mincu), încorporând un maximum de semnificație, un sens ontologic integral. Această idee o exprimă poetul într-un interviu în care vorbește despre eminesciana *Odă (în metru antic)*: „În *Odă* este tensiunea sentimentului și a ideii, este existență, în <<Nu credeam să-nvăț a muri vreodată>> e tragism și seninătate olimpică, nu e <<moarte>>, nici <<viață>>, ci un raport tainic între ele, care naște adevărata stare a poeziei...”[152] Poezia este singurul „organ” cu putere sintetizatoare, realizând o reunire tensionată, vie între unitățile discontinue, complinind golurile ce apar la nivelul percepției umane; prin urmare, *starea poeziei* cuprinde în ea „tensiunea sentimentului și a ideii”, tensiunea fiind *existență* (după spusele poetului, „Poezia modernă începe cu *Odă în metru antic*”, când „accentul se mută de pe cuvinte pe tensiune”[153]).

Metalingvismul stănescian reflectă, astfel, aspirația spre *necuvânt*, căpătând o pregnanță tot mai evidentă în ultimele volume, pe măsură ce se realizează trecerea de la poezia *ca proces* (formă în mișcare, prin care este respinsă structura gata

151 După cum afirmă poetul (în *Fiziologia poeziei. Proză și versuri*, Editura Eminescu, București, 1990, pp. 551-552), opera impersonală „clocotește” de „sentimente care au forța ideilor”, depășind autobiografismul, intimismul.

152 Fragment extras dintr-o convorbire consemnată de Mihai Cimpoi, la Chișinău, în 25 septembrie 1976; preluată din *Manuscriptum*, nr. 1-4 / 1992, București, *apud* Adrian Dinu Rachieru, *Nichita Stănescu – un idol fals?*, Editura Princeps Edit, Iași, 2006, p. 113.

153 *Ibidem*, p. 112.

constituită, „gramaticală" a semnului lingvistic), cuprinzând actul viu al vorbirii, marcat de prezența emitentului, la poezia *ca stare*, care implică estomparea emitenței, moartea ei (trecerea ei în semn), sacrificiul (în locul schimbului simbolic) și, prin urmare, impunerea definitivă a *semnului literal* ce recuperează însăși vitalitatea ființei, semnificația ontologică deplină.

Concluzii

Elementul novator prin care opera lui Nichita Stănescu a impus o regândire a poeticității, rezidă, așadar, în semnificația profund ontologică pe care o capătă expresia poetică: după cum spune poetul, „poezia nu ține, în esența ei, de cuvinte", transcende metafora spre necuvânt, refuzând medierea, substituția simbolică. *Necuvântul* se situează dincolo de noțiune și în afara legilor limbii, având o funcție întemeietoare (nu mimetică).

De-a lungul operei, cuvântul suferă o serie de transformări, printre care cea mai marcantă este trecerea de la poezia *in statu nascendi* (supus unei redimensionări în universul artistic, cuvântul devine „material fundamental uman", se derobează oricărei delimitări rigide privind sensul sau forma, fiind, astfel, negată structura gata constituită, „încheiată", „gramaticală" a semnului lingvistic: cuvântul poetic este un cuvânt imperfect, formă în continuă devenire, „silabă răcnită,/ într-o perpetuă creștere smulsă"; o astfel de „reconvertire" a limbajului poetic va rezulta în inventarea *necuvântului*, spațiu al potențialității, al tensiunii prelingvistice, vizând nu un sens dat de la început, ca în cazul metaforei, ci un sens în devenire, multiplu, deschis, cuvântul trecând în „semnificanță", așa cum va remarca Ștefania Mincu) la poezia ca pură „*fiziologie*" (tradusă prin *stare*, prin realitate propriu-zis *metalingvistică*, precum și prin ceea ce poetul va numi „hemografie", sau „scriere cu tine însuți"; „fiziologia poziei" este, de asemenea, înțeleasă drept „un fenomen pre-poetic, având ca scop cuvântul văzut ca vehicol al unei tensiuni de conștiință nenoționale"), rezidând într-o integrare totală al principiului ontologic cu cel textual (semnul devine trup). Desființarea definitivă a semnului ca mediere presupune instituirea *literalității* ca mod de recuperare a ființei. Aceste transformări la nivelul cuvântului poetic ar putea fi asociate celor două experiențe fundamental umane: pe de o parte, **actul vieții** (poezia echivalând cu o *vorbire „trăită”*, este formă care păstrează prezența vie a emitentului, tensiune semantică „spre un cuvânt din viitor”, trecând, așadar, dincolo de semn, spre existență), etapă circumscriindu-se volumelor până la *În dulcele stil clasic*; pe de altă parte, **actul morții**, care, la Nichita Stănescu, apare ca *stare trăită*, aventură „înlăuntru”, petrecută exclusiv în „anatomia și fiziologia” ființei (în inerența „nodului" existențial), nu aventură a conștiinței (această etapă este caracteristică ultimelor volume, începând cu *Epica magna*). Astfel, moartea se manifestă în latura ei nudă, literală, violentă, o „moarte cu omor”, marcând *sacrificiul* subiectului, nu schimbul simbolic (se anulează orice mediere sau comunicare); creând, prin propriile răni (înscrise în semnul poetic), un sens ontologic universal, poetul își transcende limitele condiției individuale, semnul se „umple” cu maximum de semnificație, cu un sens ontologic deplin, devine *cuvânt-obiect*, semn literal total. Aspectul proteic, „imperfect”, brut al discursului se evidențiază ca *marcă literală* a experienței traumatizante a morții, proces petrecut exclusiv la nivelul senzațiilor, al „stării de läuntru”. *Poezia impersonală* încheie opera poetului: centrul de greutate se mută din emițător *în receptor*, semnificația existențială cuprinsă în semn activându-se *în viitor* ca rasfrângere în conștiința cititorilor.

Limbajul artistic capătă, așadar, o semnificație metalingvistică supremă, instituindu-și autonomia față de scris și față de creator.

Summary

Nichita Stănescu – Poetry as ontological adventure

The present study proposes an analysis of the stages undergone by the poetic word throughout Nichita Stănescu's poetry, from its corporal expression, in complete fusion with nature and feelings, going through the dramatic experience of rupture, to a point when metaphor is transcended towards *the unword*, enabling the emergence of a new form of poetic expression: *the metalinguistic poetry*.

These transformations emphasize the innovating aspect of Nichita Stănescu's work, which imposed a rethinking of the Romanian poetry: *the profound ontological significance* that infuses the poetic expression; as the poet says, "a poem does not consist, in its essence, of words", it transcends metaphor and rejects any element of mediation and symbolic substitution.

The most noticeable change I identified throughout the poet's work is represented by the transition of poetry from an expression *in statu nascendi*, in permanent evolution, as *process* (this stage is marked by the invention of "the unword", an imperfect form which originates in a vital impulse, in "a semantic tension towards a word from the future", denying the rigid, closed, "grammatical" structure of the linguistic sign) to the poetry as "physiology" (at this point – indicating the shift from the word as *process* to the word as *state* – the metalinguistic poetry is actually instituted: the emphasis is placed upon literality, reflected by what the poet calls "*hemography*, that is the writing with your self"), consisting of a total fusion between the ontological and textual principles (a stage when the poetic sign is imbued with a supreme ontological significance and, as a result, the vitality of being is completely restored).

These stages can be associated with two fundamental human experiences: on the one hand, poetry as an act of *life*, an experience which is never completed and consumed, coinciding with an *imperfect* form, the word *in statu nascendi* (this stage especially includes the volumes from *11 Elegies* to *In Sweet Classical Style*). Being a vital utterance, poetry maintains the utterer's live presence. Reflecting a prelinguistic semantic tension (as the poet writes in his essays, "poetry is the *semantic tension towards a word that doesn`t exist*, to a word yet to be found. The poet creates the semantics of a word that doesn`t exist"), the word is transfigured into a "fundamentally human matter", the sign is transcended towards existence. Whereas metaphor refers to a given, exterior object and is based upon representation, upon symbolic mediation, *the unword* emerges directly from *ontos*, from state, from sensation, from a space of potentiality, from the ineffable and pure intuition: it has a creative, not a mimetic function. To give an example, the verse "She was beautiful as the shadow of an idea" is not actually a simile, but an unword which contains an abundance of meaning: it cannot be understood, expressed, represented, but only felt and intuited (beauty is not an imitation of an ideal, given pattern, it is untranslatable into notions or signs, it only reflects itself into our consciousness as a vital presence).

Poetry is rather related to perception than to representation: as "physiology", it is a "*pre-poetic phenomenon*, its aim being the word seen as a vehicle of an unnotional conscious tension" (Nichita Stănescu).

On the other hand, the second essential stage (which is representative for the final volumes, beginning with *Epica Magna*) of the poet's creation reflects the experience of *death*: poetry turns into "epic", into a *metalinguistic* and *metapoetic* discourse, it becomes "*hemography*" (corresponding to an act of "depoetization"), that is, a "physiological", direct, rough transcription of an agonic experience, which is most relevantly conveyed in the poet's haiku: "*I am but a speaking blood stain*"; the stain does not represent anything, it "speaks" without mediation, directly from *ontos*, it is an object of pure perception, an existential "knot", without support or rest, a "literal sign" (Ștefania Mincu). In Nichita Stănescu's poetry, death manifests as "a vital state" and, hence, its deconceptualised nature is emphasized: as a matter of fact, this adventure takes place exclusively within "the anatomy and physiology of being", at a sensory level, and not as an experience of consciousness (its perception does no longer imply the symbolic meaning of "the great passage", as in Lucian Blaga's poetry). In *Knots and Marks*, death appears in its nude, literal, violent aspect, as sacrifice, not as symbolic change. The poetic writing literally becomes splitting, tearing, a protean, imperfect, rough discourse as a *literal mark* of a traumatic experience (the most intense sensations are converted into signs). The poet creates, with his own wounds literally transposed into sign, a universal ontological meaning and, therefore, the poem becomes *impersonal.* The accent is moved on *the receiver* (the reader), the supreme ontological significance which infuses the poetic sign being activated as reflection into the receivers' consciousness.

The final volumes, *Imperfect Works* and *Impersonal Works*, summarize the poet's entire work, being representative for the new perspective which it proposes on poetry: firstly, poetry as imperfect expression, *in statu nascendi*, transcending the sign towards existence, and secondly, poetry as impersonal expression, which transcends the biographic self of the author through the integral ontological meaning contained into sign. As a consequence, the artistic language achieves a supreme metalinguistic significance, emphasizing its autonomy towards the writing and the creator.

The metalinguistic poetry, the unwords and literality are fundamental features of Nichita Stănescu's poetry and play an essential part in the anticipation of postmodern lyricism, opening new perspectives for the Romanian poetry.

Bibliografie

1. Bibliografie de autor:

Sensul iubirii, cu o prefață de Silvian Iosifescu, Editura de Stat pentru Literatură și Artă, București, 1960.

O viziune a sentimentelor, Editura pentru Literatură, București, 1964. Premiul Uniunii Scriitorilor.

Dreptul la timp, Editura Tineretului, București, 1965.

11 Elegii, Editura Tineretului, București, 1966.

Oul și sfera, E.P.L., București, 1967.

Alfa (Obiecte cosmice), Editura Tineretului, București, 1967.

Roșu vertical, Editura Militară, București, 1967.

Laus Ptolemaei, Editura Tineretului, București, 1968.

Necuvintele, Editura Tineretului, București, 1969. Premiul Uniunii Scriitorilor.

Un pământ numit România, Editura Militară, București, 1969.

În dulcele stil clasic, Editura Eminescu, București, 1970.

Cartea de recitire, Editura Cartea Românească, București, 1972. Premiul Uniunii Scriitorilor.

Belgradul în cinci prieteni, Prefață de Mircea Tomuș, Editura Dacia, Cluj-Napoca, 1972.

Măreția frigului. Romanul unui sentiment, Editura Junimea, Iași, 1972.

Clar de inimă. Versuri de dragoste, Editura Junimea, Iași, 1973.

Starea poeziei (antologie), Prefață de Aurel Martin, colecția „B.P.T.", Editura Minerva, București, 1975.

Epica Magna, Editura Junimea, Iași, 1978. Premiul Academiei Române.

Opere imperfecte, Editura Albatros, București, 1979.

Oase plângând, Colecția revistei „Lumina", Panciova (Iugoslavia), 1982.

Noduri și semne, Editura Cartea Românească, București, 1982.

Respirări, Editura Sport-Turism, București, 1982.

Antimetafizica, Convorbiri cu Nichita Stănescu, realizate de Aurelian Titu Dumitrescu, Editura Cartea Românească, București, 1985 (prima ediție); Editura Allfa, București, 1998 (ediția a doua).

Amintiri din prezent, Editura Sport-Turism, București, 1985.

Ordinea cuvintelor. Versuri (1957-1983), vol. I-II, Cuvânt înainte de Nichita Stănescu, Prefață, cronologie și ediție îngrijită de Alexandru Condeescu, Editura Cartea Românească, București, 1985.

Poezii, Antologie, postfață și bibliografie de Cristian Moraru, Editura Minerva, București, 1988.

Fiziologia poeziei. Proză și versuri. 1957-1983, ediție îngrijită de Alexandru Condeescu, Editura Eminescu, București, 1990.

Argotice. Versuri inedite, Ediție alcătuită, îngrijită și prefațată de Doina Ciurea, Editura Românul, București, 1992.

Tânjiri după firesc, Cuvânt înainte de Aurel Covaci, Editura Princeps, Iași, 1993.

Nichita Stănescu. Îngerul cu o carte în mâini, Antologie, studiu introductiv și bibliografie de Alex. Ștefănescu, Editura Mașina de scris, București, 1999.

Opere, vol. I-VI, Ediţie alcătuită de Mircea Coloşenco, Prefaţă de Eugen Simion; Editura Univers Enciclopedic, vol. I-III, Bucureşti, 2002; Editura Academiei Române, vol. IV-V, Bucureşti, 2003; Editura Fundaţiei Naţionale pentru Ştiinţă şi Artă, vol. VI, Bucureşti, 2005.

Opera Magna, vol. I-V, Ediţie integrală, prefaţă şi cronologie de Alexandru Condeescu, Editura Semne, Bucureşti, 2004-2006.

2. Referinţe critice:

Braga, Corin, *Nichita Stănescu. Orizontul imaginar*, ediţia a II-a, Editura Dacia, Cluj-Napoca, 2002.

Chiorean, Luminiţa, *Arhitectura discursivă în eseurile lui Nichita Stănescu*, în volumul *The International Conference: European Integration between Tradition and Modernity*, EITM – First Edition, 22-23 septembrie 2005, Târgu-Mureş, pp. 222-232.

Condeescu, Alexandru, Studiu introductiv la *Nichita Stănescu. Opera Magna*, vol. I, Editura Semne, Bucureşti, 2005.

Creţu, Nicolae, *Ludicul elegiac* (I), în „Convorbiri literare", nr. 4(124) / 2006, *Ludicul elegiac* (II), în „Convorbiri literare", nr. 5(125) / 2006.

Dimitriu, Daniel, *Nichita Stănescu. Geneza poemului*, Editura Universităţii „Al. I. Cuza", Iaşi, 1997.

Manolescu, Nicolae, *Nichita Stănescu*, în *Literatura română postbelică. Lista lui Manolescu*, vol. I, Poezia, Editura Aula, Brașov, 2001, pp. 110-140.

Mincu, Ștefania, *Nichita Stănescu între poezis și poiein*, Editura Eminescu, București, 1991.

Mincu, Marin, *Nichita Stănescu (1933-1983)*, în *Poeticitate românească postbelică*, Editura Pontica, Constanța, 2001, pp. 147-165.

Mincu, Marin, *Experimentalismul poetic românesc*, Editura Paralela 45, Pitești, 2006.

Moraru, Cristian, Postfață la *Nichita Stănescu. Poezii*, Editura Minerva, București, 1988, pp. 331-376.

Papahagi, Marian, *Poezia lui Nichita Stănescu*, în *Exerciții de lectură*, Editura Dacia, Cluj-Napoca, 1976, pp. 178-185.

Petrescu, Ioana Em., *Configurații*, Editura Dacia, Cluj-Napoca, 1981.

Petrescu, Ioana Em., *Ochiul cu dinți*, în *Eminescu și mutațiile poeziei românești*, Editura Viitorul Românesc, București, 1998, pp. 195-311.

Pop, Ion, *Nichita Stănescu – spațiul și măștile poeziei*, Editura Albatros, București, 1980.

Rachieru, Adrian Dinu, *Nichita Stănescu – un idol fals?*, Editura Princeps Edit, Iaşi, 2006.

Schlesak, Dieter, *Nichita sau metapoezia perioadei roşii. Convertirea totalitarului în unu*, în „Viaţa românească", nr. 8-9 / 2008, traducere în româneşte de Cosmin Dragoste, text preluat din volumul *Nichita Stănescu, Elf Elegien. Aus dem Rumänischen und mit einem Nachwort: Metapoesie der roten Zeit*, Editura Pop Verlag, Ludwigsburg, 2005.

Simion, Eugen, *Nichita Stănescu. De la modernitate târzie la postmodernism* în *Scriitori români de azi*, vol. III, Editura David Litera, Chişinău, 1997, pp. 77-131.

Spiridon, Vasile, *Nichita Stănescu. Monografie*, Editura Aula, colecţia „Canon", Braşov, 2003.

Tarangul, Marin, *Prin ochiul lui Nichita*, Editura Cartea Românească, Bucureşti, 1996.

Nichita Stănescu interpretat de..., ediţie îngrijită de Sanda Anghelescu, Editura Eminescu, Bucureşti, 1983.

Nichita Stănescu. Poezii, antologie, tabel cronologic, prefaţă şi comentarii de Ştefania Mincu, Editura Albatros, colecţia „Texte comentate", Bucureşti, 1987.

Album memorial „Nichita Stănescu", editat de revista „Viața românească", București, 1984, sub îngrijirea lui Gheorghe Tomozei.

Râsu'-plânsu' lui Nichita Stănescu, ediție alcătuită și îngrijită de Laurian Stănchescu, Editura Ideea Europeană, București, 2005.

Printed in Great Britain
by Amazon

50475050R00064